佐渡島の賽の河原（新潟県）

ワットプートウドン（タイ）

トラジャ族（インドネシア）のお墓

「インナ・グランド・バリビーチホテル」（バリ
の女神の祭壇

カオダイ教（ベトナム）

冥宅（中華圏）

象の上に観音様が乗る詰所（熊本県）

チベタン・テンプル（マレーシア）

「ワットパーラックローイ」（タイ）

大国寺（鹿児島県）

万丹宮（台湾）

「ハウパーヴィラ」（シンガポール）

考える「珍スポット」

知的ワンダーランドを巡る旅

「珍寺大道場」道場主
小嶋独観

「怪処」編集長
吉田悠軌

文芸社

Welcome to the Funky & Spiritual Spots

◎プロローグ

珍スポ・ブーム黎明《れいめい》期を振り返る

第1章

二人が選ぶベスト・脱力スポット（日本編）

第2章 二人が選ぶベスト・脱力スポット（海外編）

第3章　二人が選ぶベスト・心霊スポット（日本編）

第4章 二人が選ぶベスト・心霊スポット（海外編）

第5章 二人が選ぶベスト・パワースポット（日本編）

第6章 二人が選ぶベスト・パワースポット（海外編）

◎エピローグ

書を持って、町へも出よう！

写真提供　小嶋独観・吉田悠軌

プロローグ――珍スポ・ブーム黎明《れいめい》期を振り返る

タイガーバーム・ガーデンみたいなお寺が日本にもあることに気づいた

小嶋　もともと学生の頃から旅行が好きで、例えば京都とか奈良に行って、神社仏閣を見に行ったり、普通の観光地も行ったりしてる中で、「何だ？　このヘンなところは」という場所に出会いました。それが今で言う珍スポット――当時、そんな言葉はなかったですけど――だったんですね。

お寺も回ってると、なんか変な――その頃は、なんだか全然分かんなかったんですけれども――普通じゃないお寺っていうのがたまにあって、「これは何なんだろう？」って、ずーっと違和感だけがあったんですね。

一番のきっかけはたぶん、その後、香港に行って――今、もうなくなっちゃったんですけど――タイガーバーム・ガーデンっていう、コンクリートのものすごく派手な神様が並んでいるところに行った時に、「自分が感じた違和感って、結局こういうことなんだ」って納得しました。悟ったと言うと大袈裟ですけれども、神様だったり、仏様だったりって、無条件に尊ばなければいけない存在という風に思い込んでいたんだけども、実はそうでもなくて、意外と親しみやすい神様だったり、フランクな神様だったり、マヌケっぽい神様だったりするのが、いっぱいいることに気づいたんですね。

タイガーバーム・ガーデンなんかは、一歩間違えれば公園の遊具レベルの、コンクリートで作って、ペンキで塗ってあるような神様がいっぱいいたので、「これでいいのか？」と思ったんですが、すぐに「いや、これでいいんだ！」って思ったんですね。そこから新たにお寺とか回り始めると、意外とタイガーバーム・ガーデンみたいなお寺っていうのが、日本にもいっぱいあることに気づくんです。当時はネットも何もなかったですから、事前に徹底的に調べてっていうのが、初期の珍寺巡りのスタイルでした。

編集部　当時、探す時に資料みたいなものはどうされたんですか？

小嶋　もちろん当時（一九九〇年前後）は紙の資料ですね。どこか行くっていうと、ガイドブックは一通り全部読んで、かつ地方で出版されている書籍とか、自治体で出してる観光パンフレットだったりですね。あとは、地元で出してる新聞とか情報誌みたいなものとかを、一通り紙で見て……っていうのが主でしたね。

吉田　時系列で言うとその時、都築響一さんが『ＳＰＡ！』で珍スポット関連の連載をしていましたね。

小嶋　そうですね、『ＳＰＡ！』で連載が始まったのが、一九九〇年代の前半ぐらいだったと思う。

吉田　もちろん、その前から珍スポットについて言及はされてますけど。多大な影響を及ぼしたっていう意味では、やはり『ＳＰＡ！』の都築響一さんの連載じゃないですかね。

小嶋　「珍スポット」っていう概念を確立したのは、都築さんの「珍日本紀行」だと思います。それ以前もいろんなシーンでもって、変なところを取り扱うっていう本はあったんでしょうけどね。

吉田　『宝島』の「ＶＯＷ」なんかもありましたね。

小嶋　それもありますけど、変わったところを、やはり『ＢＲＵＴＵＳ』が紹介していましたね。あれも今思えば都築さんの記事だったと思うんですけど。あと建築の雑誌なんかでも、変な建物の記事が載っていたりした。

一九七〇年代ぐらいから、変な建築を愛《め》でる建築家の方たちが何人かいらっしゃって、そういう方たちが、いろんな変わった建築のお寺を業界誌などで紹介していたということは伏流《ふくりゅう》としてはあったんですけど、ただ、それを珍スポットっていうくくりで紹介したのは、たぶん都築さんが初めてですね。

吉田　赤瀬川原平さん、南伸坊さんたちの提唱する「トマソン」が流行したのが一九八〇年代ぐらい。さらに荒俣宏さんの登場も大きいですね。

編集部　あの辺のメンバーは、ストリートのおもしろいものに注目していたんでしょうね。

無意識から生まれた創作物が過激になったり、過剰になったりしているおもしろさは大事にしたい

小嶋　その初期にずっと通底してるのは、無意識に表れたものにおもしろさを感じるということです。だから今でも珍寺巡りをしてる中で、**ウケようと思ってやってないっていうか、意識せずにとんでもないことになっちゃってるっていうのが、すごく好きなんですよね。**

吉田　建築の方もそうですけど、モダンを経た後での反モダン・脱モダンっていう視点はあったんでしょうね。現代でいうなら槇文彦さん（注1）みたいなモダニズムへの反動だったり……。

独観さんがおっしゃったような無意識の芸術というか、アウトサイダー・アート的なるものも注目され出してきましたね。美術で言えばピカソがアフリカ美術を発見したようなのと、時代を経て一周していったということでしょうか。

小嶋　建築の世界で言うと、バーナード・ルドルフスキー（注2）っていう建築家がいるんですけど、その人の『建築家なしの建築』（鹿島出版会）っていう本が一九七六年に日本で出版されるんです。この本は、その後の変わった建物を愛でる人たちの原点になっていますね。

それは、無名の名建築っていうか、例えばアフリカの奥地の民族の蔵だったり、ヨーロッパの中世の岩塩坑の内部だったりとか、そういう普通の近代的な生活の中ではあり得ないような建物とか構造物のおもしろさを提示する写真集だったんですね。それがかなりショッキングというか、建

物っていうものの全然違う見せ方を提示してくれた一冊でした。

本来の「用途としての建物」っていう見方とは全然別の、フォルムとしてのおもしろさですね。そこにすごく主眼を置いた写真集だったんです。

編集部　道祖神とか、昔からあった日本の信仰にまつわるものの再発見みたいなこともあるんでしょうかね。

吉田　一九八〇年代ぐらいから、民俗学がまたブームになった流れもあるでしょうね。広い意味でいえば、またスピリチュアリティを重要視していこうみたいな動き。いわゆる「新新宗教」のブームもそうですし。

小嶋　ただ、最近は若い方で珍スポットを紹介する方がいっぱいいるんですけど、ウケようと思ってやっているかどうかにこだわりなく紹介してるんで、その辺は感覚が違うのかなっていう気はしてます。根本的には、作り手の無意識から生まれた創作物がどんどん過激になったり、過剰になったりしてるところのおもしろさみたいなものを大事にしたいとは思ってます。

注1　**槇文彦**（１９２８～）　建築家。１９５２年、東京大学工学部建築学科卒業後、ハーバード大学で学ぶ。69年、槇総合計画事務所を設立。79～89年東京大学教授。
注2　**バーナード・ルドルフスキー**（１９０５～１９８８）　オーストリア・ウィーン生まれのアメリカの建築家、文化史家。１９２８年、ウィーン工科大学で建築学、英文学修士号を取得。30～31年、ウィーン工科大学建築学科准教授。代表作に『建築家なしの建築』（１９７６年・鹿島出版会）。

朝倉喬司さん・小池壮彦さんの後を継ごうとした

編集部　吉田さんが珍スポット巡りを始めたきっかけは？

吉田　僕は就職ができなかったので、仕方なく怪談を始めたという経緯があります。怪談を始めるからには、心霊スポットも行かなきゃいけないので、みんなと一緒にワイワイとスポット巡りしていたんですけど。ただ、普通の心霊スポットの肝試《きもだめ》しっていうのは、何回か行けば飽きちゃうんですよね。別に何かあるわけでも、何も起こるわけでもないですから。

そうしていくうちに、また別の視点っていうのが生まれてきて。心霊スポットに限らず、神社仏閣や聖地のような霊的とされる場所についての、「場所の記憶」みたいなものに注目するようになってきたんです。

物理的に縄文の地層、弥生の地層、室町の地層とかいう風に積み重なっているのと同じように、**記憶の地層、時代の地層みたいなものもあるんだなっていう視点**が生まれてきたんです。そこで、これはおもしろいなと本気になってきました。

編集部　その時に、影響を受けた作家さんとか、本はありますか？

吉田　僕はライターとしてはミリオン出版出身だというのもありますし、その辺りで活躍されていた朝倉喬司《きょうじ》さん（注3）の存在は大きいです。犯罪ルポで有名な朝倉喬司さんは、事件の現場に行って「土地の記憶」を感じ取るという方法論をもって執筆していました。そういった方法論に、ものすごく影響を受けていますね。

小池壮彦《たけひこ》さんも、朝倉さんの影響下にある人で、朝倉さん的な手法を心霊スポット・怪奇事件に汎用《はんよう》した人だと僕は考えてるんですけど。その小池さんの影響も、僕はモロに受けてますね。

そんな二人の後を継ごうとしていたら、ただの心霊スポット探訪なんてハッキリ言っておもしろくなくなりまして。朝倉喬司メソッドを使っての「土地の記憶」を掘るところに興味が移り、そのまま珍スポットとかも射程範囲に入ってきたという流れですね。

独観さんも「現在の珍スポ業界にはいろんな出自の人がいる」とおっしゃいましたけど、僕のように心霊スポットから入る人間もいると思います。とはいえ僕は、ただの心霊スポット探訪に飽きて、どんどん他に興味が広がっていったという感じですね。

そこから独観さんの「珍寺大道場」で紹介されている場所にも行くようになりました。僕の時は、もうすでに、「珍スポット第一世代」の方々の仕事が大量にあったので、それらを存分に参考にしましたね。

「珍スポット第一世代」っていうのは、代表的なところでは都築響一さんと小嶋独観さん、荒川聡

注3　朝倉喬司（1943～2010）　ノンフィクション作家、犯罪・芸能評論家、新左翼活動家。ベトナム反戦運動に参加後、『週刊現代』の記者に。1982年にフリーとなり、犯罪ルポを中心に作品を発表した。

子さん（注4）です。都築さんの本、荒川さんや独観さんのサイトで紹介されている場所を友達と一緒に巡るうち、どんどん自分たちの取材レポや写真のストックが多くなっていったんですね。それらのデータを「パソコンのハードディスクの肥やしにしていてももったいないな」、発表の場を作ろうと思い立って、みんなの大量のストックを発表する場として、二〇一一年に『怪処《かいしょ》』（注5）という雑誌を立ち上げたんです。

編集部　「珍寺大道場」は、何年からですか？

小嶋　一九九七年ですね。私の場合は、例えば都築響一さんが『ＳＰＡ！』で連載して、その後、書籍になるんですけど、それを見た時に、自分がやりたかったことをかなり先にやられちゃった感じがあって、なんか自分も形にしなければいけないって焦りはあった。その時にできるものが、ホームページを作るっていう方法だった。「これが、一番早い」と思って。ほとんど無人島でのろしを上げるような状態で、とりあえず、ホームページを立ち上げたんですね。

もちろん、そういうサイトは一切なかったです。あの頃、いわゆるサブカル系のサイト自体ほとんどなかったですね。

吉田　テキストサイトぐらいですよね。

小嶋　そうですね、あと、「トマソン・トーキョー」とか、そんなのはありましたね。

吉田　神社仏閣に特化したのは、戦略だったんですか？

小嶋　そうです。先にうちの妻が、「珍スポ大百科」っていう珍スポットを紹介するホームページを作っていまして、「かみさんが珍スポットだったら、俺は、お寺だけやろう」っていう、そのホームページのワンコーナーとして開始したのが始まりなんです。

　妻の方が先に「ホームページ、おもしろいから、やろう」って言ってやってるうちに、だんだん私の方が一生懸命になってのめり込んでいって。

　それで、私の方がどんどんストックが溜まってきたので、独立したサイトで、っていうことでやったんですけれどね。

編集部　最初は、反響はどうでした？

小嶋　ホームページを立ち上げたら、すぐにものすごく熱いメールをいただいたのは、後に「日本すきま漫遊記」っていうサイトを立ち上げる方からですね。その方もお寺が大好きなんですけれども、「こういうサイトを待ってたんです」みたいな連絡が来ました。それ以来なので、ずいぶん長い付き合いになります。

　みんな初期の頃は、自分の周りにそういう趣味の人たちが一切いなくて、かなり寂しい思いをしていた人たちが多かったので、熱いというか、かなり前のめりな人が多かったですね。

吉田　「珍寺大道場」は、情報提供してくれる方々がいるのも大きいですよね。

注4　**荒川聡子**（1962～2011）　珍スポット・廃墟・動物園・性神愛好家。フリーライター。

注5　**『怪処』**　「オカルトと場所」をテーマに、心霊・怪奇・珍スポットから温泉にソウルフードまで、隠されたものを調査・紹介するポップでキッチュなオカルト総合雑誌。編集長は吉田悠軌氏。

小嶋　そうですね。メールとかで「こういうところもあります」って情報をいただけることが、今まで続けられてきた一番の原動力ですね。このサイトをやってると、「うちの近所にこんなのがありますよ」っていう情報が今でも寄せられる。それは、本当にありがたいことです。

吉田　今、若い人がサイトを始めても、いきなり誰かが情報提供してくれるってことはないですからね。もう情報も飽和状態になっていますし。独観さんは最初期だったからこそ、皆さん、雑誌に投稿するように「こんなところもありますよ」って送ってくれたんでしょうね。

小嶋　情報を知っていても知らせる先がなかったから、知らせる先をやっと見つけたぐらいの感じだったのかもしれないですね。

テレビや大手メディアが注目したのはネットがきっかけ

吉田　「珍寺大道場」が発掘した珍スポットって、ものすごい数になりますからね。独観さんがいろいろ行かれてるから、だいたい二番煎じになっちゃうんです。国内だと、独観さんも荒川さんも行かれていない場所というのはなかなかないですね。

独観さんが『怪処』に執筆してくれるようになってからは、あまりお寺に行かなくなりましたね。もう「どうせ、独観さんが書いてくれるからいいや」って（笑）。僕は僕で、自分の独自ネタを発掘しなければいけないので。どうしても行きたいところとか、時間に余裕があるなら、「ああ、あの寺、行けるわ」ってなるくらい。
行くのが楽しいっていうのが第一なので、ネタになるかどうか気にしすぎてもいけないんですが、とはいえ、独自ネタを発掘したいっていう欲もありますから、そっちを優先しちゃいますね。
そもそも、珍スポットが、テレビや大手メディアなど本当の表舞台で注目されるようになったのって、一〇年より前じゃないですものね。最近ですものね。
編集部　何かきっかけがあったんですかね？
吉田　ネタがおもしろいっていうのが、バレちゃったってことですよね。
編集部　ああ。主に、ネットですかね？
小嶋　ネットでしょうね。基本的に、珍スポットの情報ってネットが中心なので。たまには、雑誌とかで記事になったりもします。そういうのは単発のものなので。
吉田　ネット発信の珍スポット・ネタをテレビ番組が扱うというのが七、八年ぐらい前から目立つようになってきましたよね。
編集部　心霊スポットに関しては、心霊番組は昔からありますよね。
吉田　昔からありますね。新聞でも、三面記事でお化けネタを扱うのは明治からやってますし。一九七〇年代に、平野威馬雄《いまお》さん（注6）が主宰していた「お化けを守る会」は大きかったと思

注6　平野威馬雄（1900〜1986）　詩人・評論家。料理愛好家・平野レミさんの父。父はフランス系アメリカ人。1953年より混血児救済のため「レミの会」を主宰。空飛ぶ円盤の研究をしたり、「お化けを守る会」でも活動した。

います。場所に行くっていう観点でいうと、平野さんとか中岡俊哉さんとかですね。心霊スポットっていう概念というか、ブームというかが起きたのは、そういうところからでしょうね。

特に平野威馬雄さんは、今見ても資料性がありますから。ちゃんと住所までハッキリ書いてくれているし、扱われる心霊現象や怪談も興味深いものが多いです。平野さんが元ネタだとも知らずに、各地の心霊スポットにまつわる怪談が現在でもネットで紹介されていますね。だから『日本怪奇名所案内』とかの平野さんの本は、なるべく本棚にストックするようにしています。

今は、住所を本に書けないじゃないですか。うるさいから。昔は書いてあるんです。それがよいですね。

僕も、現地に行って地元の人に聞き込んだり、「この土地の歴史はどうなっているんだろう?」みたいなところから探っていきたいので、現地に行けないと意味ないんですよね。そして平野さんの本とかで突き止めていくと、昔、水があるような場所だったりするんですよ。

東京23区内の心霊スポットは、昔、水があった場所が多いと思いますね。暗渠《あんきょ》になった川をメインとして、あとは湧水池だったり海を埋め立てていたり、だいたいそうですね。

水にまつわるところって単純にいえば、谷底でジメッとしていて暗いから怪談がささやかれやすいというのもあるでしょう。さらに水場というものに、宗教性だったり、霊性を見出すという無意識が反映されて、怪談や心霊スポットが生まれるんじゃないのかな。

そうした「水の記憶」から、怪談と場所と歴史の関係性を組み立てていけたらおもしろいなと思って今、研究しているところです。

昔はヤンキーに肝試しの場所を聞くと、廃墟が発見できた

編集部　自殺の名所みたいなものも、調べてるんですか？

吉田　怪現象や怪談につながらないといけないので、単純に「自殺の名所」というだけなら調べないです。自殺には流行性とか、連鎖反応がありますから、そういった社会学的な解答だけで説明がつく場所には行かないです。プラスアルファの怪異がないと。

廃墟ブームがありましたけど、廃墟はほぼ１００％地元で心霊スポット扱いされていますね。いわく因縁のパターンも決まっていて、一家心中があったとか、ガス爆発があってみんな死んだとか、一家全員が皆殺しになったとか。

小嶋　結局、廃墟が美しいとかっていう考え方は後から出てきたもので、最初からではなかったんじゃないかなと思うんです。

吉田　廃墟に美を見出すような人からは、心霊スポット巡りの人たちは嫌われるんですよね（笑）。地元のヤンキーが肝試しに行って落書きしたり、ものを壊したりするからだと思うんですけど。

ヤンキーやバカな若者とかは、その場所を保存しようという気持ちがあまりないかもしれませんね。怪談マニアとヤンキーでは属性が違うんですけどね。

小嶋　廃墟の写真を撮られているある方は、今みたいにネットの情報がない頃はどういう風に探したかっていうと、とにかく寂れた町にまず行ってその辺でたむろってる、やんちゃそうなお兄ちゃんを捕まえて、「この辺でどこか肝試し、行くとこある?」って聞くと、「あそことあそこ、超やべぇぞ」みたいな話で、行ってみると、よい廃墟が残ってるっていう話はされてましたね。

だから、**肝試しと廃墟っていうのは、ある時期までは重なってますよね。**今でもそうなのかな?

吉田　地元の悪いやつら、アウトローというか本流から外れてる人たちの情報から、何か発見していくっていうのは、民俗学なら赤松啓介（注7）、もっといえば宮本常一などの時代からありましたしね。今も、まだ発掘されてない地元情報とかについては「爆サイ.com」っていう、2ちゃんねるより地元色の強い掲示板で調べています。風俗情報とか、心霊スポット情報とか出ていますよ。あそこを調べると、まだ知られてないニッチな情報がある気はしますね。

注7　赤松啓介（1909〜2000）　民俗学者。10代から化粧品の行商をしながら、独学で民俗学的調査をした。非常民の民俗学を提唱し、夜這いの風習など庶民の性風俗を研究した。

第1章 二人が選ぶベスト・脱力スポット（日本編）

遺伝子をきれいにしてくれる（?）ミニ霊場（能勢の高燈籠／大阪府）

編集部　ではここからはお二人にお勧めの脱力スポットを聞いていきます。

小嶋　脱力という表現を使うこともあるんですけど、脱力しながらもかなり力入っておもしろがってるんで（笑）。だからかなり力を込めて、脱力してます（笑）。

能勢の高燈籠（大阪府）

まず「能勢の高燈籠《たかどうろう》」（大阪府能勢町）っていう、仏教系の新興宗教の建物なんですけれども、山の奥にあるコンクリの五重塔みたいな、変わった建物なんです。ここは中が螺旋《らせん》のスロープになってまして、次ページの写真のようにおもちゃの汽車がずっと走ってるんですね。

これ、何やってるかっていうと、スロープの途中、途中に観音様がいて、ずっと上まで行くと西国《さいごく》三十三観音を全部回ったことになるのかな？　そういうミニ霊場みたいなのって多いんですけど、それをここで

建物内は５層のらせん状のゆるやかな傾斜道になっていて、三十三身の観音様がお祭りされている。

はこの汽車にやらせるっていう横着なところがすごく好きで（笑）。

吉田　汽車に走ってもらうと、自分が巡ったことになるっていう設定ですね？

小嶋　そうなんです。先祖の位牌《いはい》みたいなものを乗せるんでしょうかね。一回一〇〇〇円だったかな？　それでやってくれるんですけれども。

吉田　じゃあ、見立ての見立てですね。そもそも、西国三十三観音巡り自体も見立てですが。

小嶋　これ、なぜかは分からないんですけど、途中、途中に、ずっと、博多人形とかがいっぱい並んでるんです。**黒田節を踊ってる瀬戸物の人形みたいなのとか、ズラッと並んでいて。**意味の分かんなさとしてはピカイチなんです。ここ、「正浄遺伝子組替祈願霊場」って書いてあるんですね。

吉田　それ、遺伝子をきれいにしてくれるっていう考え方なんですか？

小嶋　螺旋のスロープを登って下りてくることで、遺伝子が正常になるらしいんです（笑）。

吉田　そのさざえ堂みたいな建物を、遺伝子と見立てているんですね。それはそれで、かっこいい

大窪寺（広島県）

小嶋独観氏が選ぶ ベスト・脱力スポット |日本|

- 能勢の高燈籠（大阪府）
- 大窪寺（広島県）
- 風天洞・大秘殿（愛知県）・桑原寺（岐阜県）
- 知多半島のコンクリート仏（愛知県）
- 布袋大仏（愛知県）
- 内尾薬師（福岡県）

発想ですね。

編集部　これ、お寺なんですよね？

小嶋　新興宗教系のお寺ですね。山の中なんで行くの大変なんですけど、行った時は全然賑わってなかった（笑）。

仏様が好きすぎて、全部自分の手でやりたいと思った（大窪寺／広島県江田島市）

小嶋　次が「大窪寺《おおくぼじ》」というお寺なんですけれども、広島の江田島《えたじま》市にある、本当にのどかな海沿いの町に、ポツンとお堂の上に大仏が建ってるっていうお寺ですね。脱力ポイントは、失礼ながら見たまんまの下手と言えば下手な作風ですね。

吉田　力の抜けた感じのお釈迦さまがいいですね。

小嶋　これも、別にウケようと思ってわざとこういう風にしたわけじゃなくて、むしろ仏様が好きすぎて、自分の手でやりたいと思った。それで、先代の住職さんが檀家さんと協力して、こういう感じで作ったらしいんです。

（写真の）向こうが海で眺めのよいところなんですけど、ただ、海

先代住職の手による特徴ありすぎる仏像たち

が近いので傷みが激しくて、しょっちゅう塗り替えをしなければいけないってお寺のおばあさんがボヤいてました。

お尻が入り口になっていて、そこから中に入ると先代の住職さんが作った仏像とかが並んでるんですけど、それもみんな同じ顔してます。本尊も全部自作ですが、あんまり上手じゃない（写真参照）。

本堂に住職さんの顔があったんですけど、大仏にそっくりなんですよ。耳も鼻も大きくて、目が垂れていて。地元の人は、住職さん亡くなっちゃったけど、今でも住職さんに見守られてるみたいな気がするなんておっしゃってましたね。

高野山系のお寺なんですが、お寺の歴史自体は古くなくて、先代の住職さんが他からこの島に来て作ったお寺だっていう風に聞いてます。

風天洞（愛知県）は地獄巡り三姉妹の一つ

小嶋　「風天洞《ふうてんどう》」（愛知県豊田市）という、ここもお寺としか言いようがないんですけれども、限りな

くテーマパークに近いお寺でして。もともと巨石が積み重なってできた洞窟があったんですが、そこを仏教の世界を巡るっていうアトラクション仕立てにしてしまったんです。洞窟のような、地下のようなところを歩いていくんですけど、その間にずーっといろんな仏像が並んでいます（上の写真）。

いわば胎内巡りであり、地獄巡りであるということでしょうね。胎内巡りをして再生するというような意味もあるでしょう。とにかく、異世界を回るということが、ここの参拝方法なのでしょう。

編集部　来てる人は、みなまじめに、ご利益を求めて？

小嶋　ああ、でも、そこ、微妙（笑）。

わりと観光ですね。信者さんが一生懸命来て、拝んでる感じじゃない。どっちかっていうと、作った人の思いが一方的すぎて、誰もついてこれない感じ（笑）。

ここを見に来る人は、おもしろがって見に来る感じの人が多いと思う。

吉田　この風天洞のご住職は、フランチャイズみたいな形式をとっているんです。「大秘殿《だいひでん》」（延命山大聖寺大秘殿、愛知県蒲郡市）というアネックスもあったり、「桑原寺《そうげんじ》」（岐阜県中津川市）も、もともと別のご住職が営んでいたものを、統合したんですよね。

桑原寺の住職は聖徳太子マニアで、すごい数の聖徳太子像を作っていたんです。その方がお亡くなりになった後、風天洞のご住職が管理されるようになったという。だから、変なハイブリッドになっているんですよね。
風天洞、大秘殿、桑原寺、これが地獄巡り三姉妹というか、すごく有名なセットですね。

小嶋　そうですね。その三つとも洞窟を模したような通路をずっと歩いていくと、十界巡りだったり、そういう世界が展開されてる。上の写真が寝拝み楊柳《ようりゅう》観音。寝っころがって拝めるんですね。

吉田　風天洞系列のところはわりと、エロチックな官能性が好きですよね。

小嶋　そうですね。チェーン店と言いますか。住職さん、かなり高齢なんで、ここもいつまでいられるのか、心配なんですけどね。

吉田　こういう大がかりな施設って一代で築かれますけど、その人が亡くなっちゃうと、家族が嫌がる場合が多かったりする。

小嶋　待ってましたとばかりにすぐ取り壊したりしますんで。そんなのいっぱい見てきましたからね。

編集部　そういうの、もったいないですよね。

コンクリート仏の登場で、無意識の発露をインディーズでやれるようになった（知多半島のコンクリート仏）

小嶋　知多半島（愛知県）の何か所かのお寺に、あるおじいさんが作ったコンクリートの仏像がありまして、かなり下手なんですよね。大きさとしては、それなりに立派なんですけれども、とにかく作りが残念なんですね。

もともと、左官屋さんをやっていた職人さんが、仕事をリタイアして仏像を作り始めたらしいんです。知多半島は「知多八十八か所」っていって四国八十八か所の写し霊場があるんですね。そこの何軒かのお寺にその方が寄贈してるんです。ずっと札所《ふだしょ》を巡っていくとあちこちに、この人のコンクリ像が本堂の前に置いてあるんですよ。みんなビックリしていますよ。

編集部　お寺としても、寄進されちゃったから置かざるを得ないっていう感じなんでしょうか？

小嶋　そうですね。お寺の住職さんに話を聞いたら、かなり苦笑いな感じなんです（笑）。「寄贈してもらったので置いてあります」みたいな。

作った方はかなり信仰心の篤い方で、仏像を作るっていう経験や素養がないにもかかわらず、こうやって作らざるを得ない何かが彼の中にあったのかな、って考えると、単なる下手っぴだと言って笑ってもいられないんですね。

千手観音なんて、手が明らかに肘とかから出ちゃってますね（次ページの写真）。冬虫夏草みたい

左側が千手観音、右側が聖観音なのだそう。

になっちゃってるんですよね（笑）。

吉田　パッションの方が強すぎるんでしょうね。

小嶋　情熱の方が前のめりになっちゃって、こんなことになったんでしょうね。

吉田　もともとの動機が、美術的に優れたものを作ろうというものではないですからね。**自分の情念や想いを優先した結果なんですから。木喰仏《もくじきぶつ》**（注8）**と似ているかもしれない。**

小嶋　結局、「仏像が美しい」という観念はアーネスト・フェノロサが来日した近代以降の視点でして、それ以前は全然そんなことなくて、信仰の対象としてただそこに存在していればよかったんです。だから本当は仏像の顔がイケてるとかイケてないとか、あまり意味ないんです。

吉田　もちろん、きちんとしたプロフェッショナルの系譜も大切だと思うんですけども。それとは別に、民間の中で信仰の表れとして作られるのも宗教美術です。木喰仏みたいに、やむにやまれぬ状況の中、なんとか木を彫って作ってあちこちに置くみたいな。円空が一番有名ですけれども、名もない修行僧の彫った木喰仏だってたくさんあったわけで。美術的に優れてるかどうかだけで測ってもしょうがないっていうのも、ありますよね。

コンクリート造形っていうのは、珍スポ界では一つのジャンルとしてありますね。コンクリートの造形のしやすさというか、コンクリートならではの造形のあり方ですね。たぶん、図面を引いてやってるわけじゃないでしょうね。

小嶋　例えば石彫りなんかだと、最初から想定していた形を作っていかないといけないんですけど、コンクリートだと後から足せちゃいますからね。左の写真の像なんてもしかしたら、最初は合掌してる手だけだったのかもしれなくて、途中からノッてきて「これ、千手観音いいんじゃね?」みたいな感じで、付けちゃったのかなぁと。最初から千手観音作るとしたら、この手の付け方、ないもんね。

吉田　そもそも上半身も違う風に作るでしょうからね。最初から千手観音を作ろうとしてるんだったら、重心が違いますもんね。

編集部　作っているうちに、ある種の啓示が降りてきたのかもしれない。

吉田　それは、信仰の表現として正しいやり方です。

注8　木喰仏　木喰は木の実や果実だけを食べ、肉類や米穀、野菜を摂らない修行のこと。この木喰戒で修行する僧侶を木喰（木食）上人（しょうにん）という。中でも有名な一人が、北海道から九州まで巡礼し、木彫りの仏像を制作した木喰五行上人（1718〜1810）。ここでは木喰五行上人のようにあちこち巡った修行僧の彫った仏像を木喰仏と呼んでいる。

布袋大仏（愛知県）

小嶋　ただ、結果的には、キノコみたいな手になっちゃったっていう。

編集部　コンクリート仏は型を作ってそこに流し込んでるんですよね？

小嶋　一番ちゃんとしてるのは、もちろん型を作って流し込んでるけれども、中には上の写真のような大仏があるんですけど、愛知県（江南市）の「布袋《ほてい》大仏」ですね。これなんかは、素人さんが作った大仏の、ある意味代表なんですけれど。

吉田　相当、巨大ですよね。

小嶋　そうですね。戦後すぐにできた大仏なんですけれど、あんまり物がない時代でも、コンクリートは比較的容易に手に入ったので、これだけ大きい大仏が、個人でも作れたっていうことですね。

編集部　この当時は、型じゃなくって、作ってから削ったりとかするんですか？

小嶋　ある程度粗く作って、上からこう、なすりつけるっていう形だと思います。

吉田　コンクリートという素材の登場で、個人の無意識の発露をそのまま、インディーズでやれるようになったたっていうのが、造形の革命だったんでしょうね。

コンクリ作家の浅野《あさの》祥雲《しょううん》（注9）とかも有名ですし。あとは最近だと、ＦＲＰ（繊維強化プラスティック）とかもありますね。

小嶋　最近は、コンクリートの大仏があまり作られてないので、コンクリートの大仏という存在自体が極めて二〇世紀的な現象ではあるんですね。

編集部　コンクリ仏だけで、新書一冊作ってもいいぐらい。

小嶋　できますね、これは近代建築のもう一つの歴史ですから。

ガンダムは、仏像に匹敵するぐらいの共通の象徴的な造形物（青森県おいらせ町のガンダム像）

吉田　「素材のおかげで思想ができた」っていう流れですが、ＦＲＰとか、発泡スチロールとかで作るような人もいます。青森県のおいらせ町に、ガンダムばっかり作ってる床屋さんがいるんですよ。五分の一スケールぐらいの、ちゃんとしたガンダムを作っている。

小嶋　これ、ＦＲＰ？

吉田　発砲スチロールですかね。ボール紙の型紙に、発泡スチロールで、たぶんシリコン接着剤でコーティング。

ただ、足とかはコンクリ。土台も、基礎の部分とかはコンクリ。この方、たぶん造形の経験があ

注9　**浅野祥雲**（１８９１〜１９７８）　コンクリート造形師。東海地方にコンクリート像を数多く残す。

吉田悠軌氏が選ぶ **ベスト・脱力スポット** |日本|

- 青森県おいらせ町のガンダム像
- 修那羅峠・霊諍山（長野県）
- 山梨県の丸石神
- キリストの墓（青森県）・モーゼの墓（石川県）
  釈迦の墓（長野県）・ヨセフの墓（神奈川県）

青森県おいらせ町のガンダム像

る。テクニックはすごいです。造形やってる人から見ても、すごい方なんですけれども。

　実はこの人、初めは仏像を作ろうとしたらしいんです。だけど、仏像だとあんまり色味がないっていうのと、あと、たぶん、ピョンピョン飛び出してるのが好きなんですよ。だから千手観音とかはいいけど。

小嶋　お地蔵さまとかじゃ、イマイチなんだね。

吉田　大仏とかはイマイチで。ただこの人、ガンダムを見たこともなかったらしいんですけどね。

編集部　ガンダムマニアじゃないんだ。それ、いいっすね。

吉田　テレビアニメを見たことはないんですけど、もちろん、ガンダムっていうものの存在は知っていた。「ガンダムがいいな」ってなって、キュベレイとか、今、サザビー作ってるらしいんですけども、ピョンピョン飛び跳ねてる造形が好きらしい。

　仏さん作るのと、根本的には同じようなことだと思うんです。かっこいい物を作りたいっていう芸術家根性みたいなものがあるのでは。ガンダムはある意味、日本人なら誰もが知っている、みんなが共有している象徴的な造形物じゃないですか。仏像に匹敵するぐらいの。

小嶋　仏像と同じ意味合いなんですね。

吉田　仏像の場合は、仏教っていう、ちゃんとした宗教の知の体系と結びつきます。そこまではいかずとも、ガンダムというものの存在や物語だってかなり共有されたコンテクストになってますよね。信仰心ではないけど、精神性としては、仏像づくりとほぼ似てるんじゃないですかね。

小嶋　コンクリートの仏像を作っちゃう人なんかもそう。見てくれた、来てくれた人に楽しんでもらいたいっていうある種のサービス精神なんですよね。それがガンダムであったり、仏像であったり、いろいろな形で表出する、と。

編集部　ウルトラマンでも、仮面ライダーでもなく、ガンダムって造形的にも美しいですものね。

吉田　そうですね。あと、いくらスケール小さくしているといっても、ガンダムくらいがちょうどいい大きさなんでしょうね。ゲッターロボとかは、デカすぎますから。イデオンになっちゃうと巨大すぎて絶対ムリだし（笑）。

編集部　そういう意味でも、ガンダムが一番いいんだ。へえ、おもしろいですね。

心意気を感じるインディーズの神様（内尾薬師／福岡県）

小嶋　「内尾薬師《うちお》」（福岡県京都郡《みやこ》）にもインディーズの神様がいます。近所の方が作ったらしいんですけど、お寺の入り口のところにちっちゃい掘っ立て小屋があって、その中にたくさん仏像が並んでいるんです。

編集部　これは、一人の人が作ったわけじゃなくって？

小嶋　詳しいことが全然分からないんですけど、顔とか見ると同じ方が作ってるんですね。ところどころに何番、何番って書いてあるので、おそらく四国八十八か所の本尊のレプリカなんだと思います。

内尾薬師（福岡県）

編集部　なかなか雑ですね。

小嶋　下手っぴなんですけれど。でも、色もポップで、表情も愛らしいんで、大好きなんです（次ページの写真）。こういうのも、技術がまったく伴ってないけれども、**四国八十八か所の本尊を作りたいっていうのが、まず先にあって、技術が伴うか、伴わないかっていうのは問題じゃなくて、とにかく作る、と。**

見てる方としても、心意気だけはすごく感じるんですね。

編集部　これは、信仰の対象になってるんですか？

独特すぎるテイストを醸し出す仏像群

小嶋　ええ、賽銭箱と、お花とかあがってますんで。こういうライトな神様っていうのかな、そういうのもあっていいと思うんですよね。嫁の愚痴をここでこぼしたりとか、そういうレベルで、親しみのある身近な仏様っていう意味では、お寺の本堂のど真ん中にいる仏像とは、また違う役割みたいなものがあってもいいのかなと思いますね。

幕末の新興宗教が造ったインディーズ石仏群（修那羅峠・霊諍山／長野県）

吉田　作り人知らずの、路傍の石仏や道祖神や素朴なものを愛でるっていうのは、柳田国男の頃からあるロマンチシズムですね。権威から外れているものの持つ、インディーズのおもしろさがある。

そういう意味でいうと、「修那羅《しょなら》峠」（長野県千曲市）も、インディーズの石仏群ですね（次ページの写真）。これらは幕末ぐらいの新興宗教で作られたものです。幕末の頃に各地で起こった新興宗教ブームの一つですね。

小嶋　今でも、信仰の対象になってるんですかね？

吉田　わりと新しめの社殿ができていたりもするので、管理はちゃんとされているみたいですね。ただ、ガッツリ、多くの信者から信仰されてるっていうことはないでしょう。

編集部　いつ頃の宗教団体ですか？

吉田　幕末の頃の修那羅山安宮神社。

修那羅大天武《しゅならだいてんぶ》を教祖とした、神がかり系のやつでしょうね。金光《こんこう》教とか、天理教とか、神がかった人を教祖とするような宗教組織が、幕末から明治初期には山ほどありましたからね。そういうのマイナーな団体です。造形が素朴で、独特でおもしろい。

例えば猫の神様を祭ったりしてるんですよね。この地元では養蚕、絹織物の産業があったから、絹を食い荒らすネズミを捕る猫を信仰していたんでしょう。脱衣婆《だつえば》もいれば、不動明王もいれば、スサノオもいるっていう感じで。近くの「霊諍山《れいそうざん》」の石仏群も同じような系列ですね（上の写真）。

編集部　これ、近くにあるんですか？

吉田　近いです。霊諍山の方も、その修那羅の方の団体に影響を受けた宗教団体です。系譜としてつながってるので、弟子みたいなものです。

究極の脱力信仰、山梨県の丸石神

吉田　インディーズ石仏信仰は他にも、道祖神とか日本全国いくらでもあるんですけど、それが行き着いたのが「丸石神信仰」だと思うんですね。山梨県辺りに分布する、丸石があるだけの信仰なんですけど。

小嶋　丸い球の石を道端でお祭りしてるんですよね。

吉田　無意識っていう意味で究極の形ですね。ここら辺は地理の関係で、丸い球体の石ができやすい土地だったんですね。

編集部　しめ縄とかしてある？

吉田　してるのもあれば、石が置いてあるだけだったり、一個だけ置いてある場合もあれば、二〇個ぐらい並べているのもあったり（上の写真）。

小嶋　丸いのばっかり重なってるのとかあって迫力ありますよね。

編集部　へえ、見たことないなぁ。

吉田　見ても気づかないです。地元の人ですら、気づいてないぐらいですから。

編集部　お花を供えていたりするんですか？

吉田　道祖神として信仰されてるから、地区の担当の人が、お花を供えていたりするんですけど、意味がよく分からないんですね。地元の人も分からないし、学者が調べても分からない。宗教学者・中沢新一さんのお父さんの中沢厚《あつし》が、熱心に調べたみたいですけど。中沢家は山梨県ですからね。

あとは現代の石材屋さんが機械で作っているバージョンもあったり。

編集部　今でも、生まれてるんですね？

小嶋　あちこちにあるから、「作ってみようか」ぐらいのことでしょうけど。球体の石って、信仰するには抽象的すぎますよね。日本の伝統的な信仰シーンでも、これだけ抽象的なものを信仰するって鏡とかぐらいかな？

吉田　卵に似てるから、生産性の象徴みたいにされてるのかもしれないですけど。でも、そんなのまったく関係ないやつもあったりするんですよ。蚕《かいこ》の守り神みたいなもの（上の写真）もあれば、交通の守り神みたいなのもあるし。

全部で七〇〇か所ぐらいあるので、地区によってそのように扱われているってだけで、理由は適当です。その地でたまたま養蚕業をやっていたら、養蚕の守り神。通学路にあれば交通安全を祈願、といった感じ。みんなそんな熱心に信仰してないのも、またいいんですよね。「そういえばあるね」ぐらいな感じ。

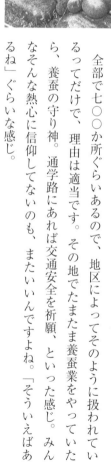

小嶋　不思議なのが、山梨ってこの球信仰もあるんですけど、一方で、大きい岩の上に石仏の頭だけを載せるっていう信仰もあるんですよね。名前は特にないんですけれど。自然石の上に頭だけポンと載せて、大仏みたいに見立てるっていう。

甲府の近辺に何個かあって。イメージとしては、諏訪の万治《まんじ》の石仏みたい。あれに近いイメージですね。あれの胴体の部分が自然石になってるような感じ。

吉田　諏訪と文化圏を接してますからね。磐座《いわくら》というか、でっかい自然石に神様が降りてくるっていう信仰はありますよね。

小嶋　依代《よりしろ》は、昔からありますよね。

吉田　そうですね。木だったりもしますけど、諏訪の御柱《おんばしら》であったりとか、ただの自然そのものを信仰する。手を加えないことに価値を見出すっていうのは、あるのはあるんですけどね。諏訪から甲府一帯の、もともとの縄文文化に由来するんでしょうね。

ただ、この丸石は、それとは違うんですよね。石神と磐座は、また違うので。これは、石そのものを信仰してるんです。一応、丸石を置いておくと、夜中のうちに子どもを産んで増えていくっていう設定なんです。

小嶋　静岡でしたっけ？　山の中から丸い石が出てくるの。子生まれ石？

吉田　あれは、崖のところから生まれてくる子産み石ってやつ。石が子どもを産むっていう逸話伝承も、各地にあるんですけど、丸石神の場合も、そういう設定になってます。たぶん誰かが夜中のうちに、コッソリ置いたりしてたのでしょうけど。
編集部　丸石神は、子どもを産むっていういわれは共通してるんですか？
吉田　そうですね。丸石神っていうのは磐座とは違って石そのものを信仰する、石を神様とするんです。でも神様っていっても、僕らが使う言葉としての神様ほど強い意味ではないんですけどね。
小嶋　道端オブジェみたいな感じですよね。
吉田　石子順造《いしこじゅんぞう》（注10）さんが、最晩年に丸石神にはまってましたね。ポップアートの筆頭みたいな方ですから、後年、ポストモダンからの突破口を見出そうとしたのでしょうね。脱力的な信仰として、究極は究極ですね。
小嶋　例えば猫の神様だったりすれば、意味を想像できるんだけど、単に丸い石がボコって置いてあるだけなんで、「なんだ？　これは」って思うという（笑）。
編集部　石には何も書いてないんですものね。
小嶋　何も書いてないですね。
編集部　究極の抽象ですね。
小嶋　あれを前にすると、立ち尽くすしかない（笑）。意味も分からないし（笑）。でも山梨に行くと、あちこちにあるんですよね。
吉田　確かに、ポストモダン的といえば、ポストモダン的。とはいえ、そんなの関係なく、昔から信仰されているものですからね。

「偉人の墓」は竹内文書系ばかり（キリストの墓、モーゼの墓、釈迦の墓、ヨセフの墓）

吉田　無意識のアートとして僕が挙げてきたのは、脱力的無意識が生み出す、体制側じゃない、インディーズ魂みたいなものですね。もう一つは、キリストの墓に代表されるような「偉人の墓」もある。日本にやってきて、死んだっていうやつ。キリスト、モーゼ、楊貴妃とか、徐福も、ヨセフもいます。

小嶋　徐福は、あちこちにありますものね。

吉田　キリスト、モーゼ、ブッダ、ヨセフは、戦前にできたものですけど、みな竹内文書関係なんです。ハッキリ言って、行ってみるとガッカリするスポットですね。

「キリストの墓」（青森県三戸郡新郷村）はだいぶマシですけど、「モーゼの墓」（石川県宝達志水町《ほうだつしみず》）なんかは、棒が一本立っていて、「モーゼ・ロミュラスの墓」って書いてあるだけですから。竹内文書系の信者が建てたんだと思うんですけど。

「釈迦の墓」（長野市更北地区）も、だいぶガッカリしますけどね。長野県の川中島あたりの史跡公園ですね。県立の公園の隅っこに、本当にちっちゃい丘みたいなのがあって、それが釈迦の墓だっ

注10　石子順造（1929〜1977）美術・漫画評論家。東大大学院で美術史を専攻。同人誌「漫画主義」を創刊した。評論の対象は主にアングラ芸術、大衆文化、キッチュなど。

て言われている。もともとは、川中島の戦死者を大量に弔った塚なんですよ。

小嶋　私も、お墓は好きであちこち行くんですけど、この系統のお墓は一切行ったことないですね。行っても、おもしろくないだろうなって思うから（笑）。

吉田　「ヨセフの墓」は、最強にガッカリします。写真を撮ってきたのは僕だけだと思うんですけど。神奈川県伊勢原市にあります。

小嶋　ヨセフが、エジプトから伊勢原に来て、そこで死んだんですかね？（笑）

吉田　昔の『ムー』に、ヨセフの墓に行ったたっていう記事があったんですけど、写真が載ってないんですよ。「なんで、写真を撮ってきてないんだよ！」と思って行ってみたんです。「心敬塚《しんけいづか》」という、裏山のような場所があって。藪《やぶ》が茂っている道なき道を掻き分けていくと、頂上にちっちゃいコンクリートの石柱があるだけです。死ぬほどガッカリします。国土交通省の置い

キリストの墓（青森県）

モーゼの墓（石川県）

釈迦の墓（長野市）

ヨセフの墓（神奈川県）

た測量点だと思うんですけど、一応お酒が供えてあったりもする。

小嶋　ああ、誰かが一応……。

吉田　でも、すっごい昔のもんだと思うんです。紅茶とチョコがあったりするんですけど。道なんてまったくないので、誰も行かないと思います。

こういうのはもともと、竹内文書（注11）に影響を受けた山根キクさん（注12）が、地元の人に「ここら辺に、偉い人が祭られてるお墓ってないですか？」って聞いて回っていたのが発祥なんですよね。地元の人に「あそこら辺は、偉いお坊さんのお墓らしいよ」とか、「あそこは、昔の豪族が死んだお墓らしいよ」って言われたところに行って、霊感でピピッと「これはヨセフの墓だ」というのを察知していくというパターンですね。

小嶋　「昔の偉いお坊さん」って言われて、それがいきなり、調査もせずにヨセフになっちゃったりするわけね？

吉田　もともと、豪族の墓、偉い人の墓なのは間違いないんでしょうけど。竹内文書の頃、戦前あたりに湧き上がってきた、日本中心主義みたいなのですね。世界の中心だった日本っていう思想の

注11　竹内文書　武内宿禰の孫の平群真鳥が漢字・カタカナ交じり文に訳したとする写本群と、神代文字で記された文書、文字の刻まれた石などの宝物を含む総称で、古史古伝の一つ。天津教の聖典であり、原本は天津教弾圧事件の裁判に提出されたが、焼失したとされる。竹内文献とも。

注12　山根キク（1893〜1965）考古学・歴史学研究家で、主に日ユ同祖論（日本人とユダヤ人〔古代イスラエル人〕は共通の先祖を持つとする説）を研究・主張した。

一つの表れとして、キリストもモーゼも天皇に会って、最後は日本に住みついて死んだっていう。国体思想における、ある種の発露の一つとして興味深いです。

あと、実際に、山根キクさんはそうやって土地の記憶を感じ取る力はあったと思うんです。霊感とか、霊能力じゃなくて、洞察力とか、独特の感じ取る力があったんでしょうね。その土地に行って重視されてる塚、墓、古墳みたいなものに感応する。そんな精神は確かにあったのかなっていう気はします。

キリスト、モーゼの墓とだけ聞けば、お笑い草ですけど。そうした歴史的な文脈を感じさせるよすがになるという意味では、決して、ただ馬鹿にして終わりっていうわけでもないかなと思います。

編集部　キリストの墓みたいに、調べてみたら、赤ちゃんのおでこに十字を書く習慣があったとか、「ナニャドヤラ」（注13）とか、それにまつわるような風習が発見されればおもしろいんでしょうけどね。

吉田　キリストの墓は、まだおもしろいですよね。地元の人たちが大切にしてますし、町おこしに使ってお祭りをやってますからね。

小嶋　お祭りも行かれたんですか？

吉田　二〇一三年に見に行きました（次ページの写真）。第二部みたいなのには参加もしましたよ。知人がつくったキリスト御輿《みこし》担いだり、ナニャドヤラ・テクノリミックスバージョンで踊ったり。

本祭の方では、八戸市長とか、青森の衆議院議員の人とか、美しすぎる市議の人とか来ていて、だいぶ盛況でした。神道式のお祭りをするんですよね。**神主さんが、キリストの霊を鎮めるために祝詞をあげる。**

小嶋　ものすごく分かりにくいお祭りですね（笑）。

吉田　偉い政治家の人たちも、みんなまじめにやってますからね。新郷村の人たちが、聖地や宗教を、柔軟に取り入れる姿勢っておもしろいですね。

偉人の墓スポットは死ぬほどガッカリします。でもガッカリして地面にへたり込んだ後で、よく考えてみると、いろんな考察はできるっていうところはあると思うんですね。

注13　ナニャドヤラ　青森県八戸、野辺地、戸来、五戸、三戸、岩手県二戸郡、九戸郡、岩手郡など、旧南部領一帯に伝わる盆踊りの歌で、お祭りのときや、畑や屋内での作業のときに歌われてきた。1956年に刊行された、神学博士・川守田英二（岩手県出身）の著書『日本へブル詩歌の研究』では、ナニャドヤラの歌詞を「エホバ進み給え　前方にダビデ　仇を払わんとすイダ族の先頭にエホバ進み給え」という意味のヘブライ語だと解釈している。

第2章 二人が選ぶベスト・脱力スポット（海外編）

タイのゆるい地獄寺といえば、ワットプートウドン

小嶋 タイの地獄のお寺なんですけれど、「ワットプートウドン」っていう、バンコクの郊外にあるお寺ですね（カラー口絵参照）。タイに行くと、このように地獄の様子をコンクリートの人形とかで再現して、お金を入れるとガチャガチャ動くような地獄寺っていうのが、何か所かありまして。ここは、地下の通路がずっと地獄になってるところです。

吉田 ワットプートウドンは、行ってないです。

小嶋 タイの地獄によくありがちな雑な造形と、あんま怖くない感じの場所（笑）。

吉田 タイの地獄って怖くないですよね。

小嶋 そうですね。血の量とかはすごくてスプラッター要素はあんなにあるのに、なんでこんなにゆるいんだっていう感じですね。

吉田 「タイ地獄寺」という一大ジャンルになってますけど、全部、**ここだったら地獄に落ちても**

いいなっていうとこばっかりですからね。

編集部　現地の人は、どういう風にとらえてるんですかね？

小嶋　タイの地獄寺を一番おもしろがってるのは日本人なんですね。サイトを見て行かれてる人とかもいっぱいいるんですが、田舎にあるので、タイの人には「なんで、そんなとこにわざわざ行くんだ？」と、かなり真顔で聞かれますね。実際行ってみると、比較的大きなお寺なんで、近所の、例えば幼稚園の子たちとか、遠足とかで来たりしてるんですけど、基本的に、みんな指さしてゲラゲラ笑ってる（笑）。

編集部　日本の地獄だったりすると、「悪いことをすると、ああいう目に遭うよ」と言って怖がらせたりする場所だったりするじゃないですか。

小嶋　目的としてはまったく一緒なんです。お寺なり、こういうのを作る人なりが、生きてるうちによいことをしようっていう、善行を説くという施設ではあるんですけど。その方向性がなんか違うところに行っちゃっていて、残虐になったりするんですけど、あんまり技術が伴ってないのか、幼稚園児にも指さされて笑われちゃうレベルの地獄がほとんどですね。

吉田　日本の地獄巡り施設も、造形的に優れているものはたくさんありますが、怖くはないですからね。作っているうちに、どうしてもアミューズメント的になっていきますね。

地獄巡りを体感させる施設は、絶対、アミューズメントになるんですよ。ディズニーランドだってある意味で地獄巡りですから。「白雪姫」のような、ライド型アトラクションだって、一回変な死の世界に行って、また戻ってくる。神話学におけるイニシエーションを参考に設計されているんです。心霊スポットもそうかもしれないですけど、結局は楽しいものになるんですよね。

根本的な原理からして、「怖くて行きたくない！」みたいなものにはなりようがない。タイの地獄寺の場合は、タイ人の精神性がおおらかで明るい、っていうのもあるでしょうけど。とはいえ、どんなすごい芸術家が作っても、怖くはならないと思います。タイの地獄寺っていうのはそれをよく表してると思いますね。

編集部　仏教の思想が、どれぐらい反映されているんでしょうか。

吉田　現地の信仰が、入っちゃってますね。**人間がなる木があったりとか。**

小嶋　タイの昔話とかを取り入れていますね。「生前こういうことをしたら、こうなります」っていうのを連続して見せていくっていう手法は、日本のいわゆる地獄の絵解きなんかと、それほどは変わらないですね。

吉田　日本の地獄って『往生要集《おうじょうようしゅう》』（注14）がもとだと思うんですけど、タイの場合は、何をもとにやってるんですかね？

小嶋　元ネタってあるのかな？　中国の地獄も、『往生要集』のもとになってる話があって、それを参考に作ってます。閻魔《えんま》大王がいてっ

小嶋独観氏が選ぶ　ベスト・脱力スポット　｜海外｜

- ▶ワットプートウドン（タイ）
- ▶萬佛寺（香港）
- ▶ソイテンパーク（ベトナム）
- ▶ダーシウヤン（香港）
- ▶マレーシアの五百羅漢（イポー）
- ▶華聖宮（マレーシア）

ていうのが、タイでも基本ですね。

吉田　十王の裁判を巡っていくっていうのは、確かに旅ですから。アミューズメントにしやすい。

小嶋　入り口に閻魔様みたいな神様がいて、それがまず一番最初に出てくる。そして裁判をする。

吉田　教育施設の側面もあるので、悪いことをすんなよっていう、教育的な観点も出てきますよね。

編集部　最後は、救われるんですか？

小嶋　最後はもう収拾がつかない状態で、全員グチャグチャになって終わる感じなんで、日本とか中国の地獄巡りほどは、しっかりした、系統立ったストーリーはないですね。

吉田　日本の地獄巡りなら、最後に極楽が、申し訳程度に一個ポンってありますけど。

小嶋　最終的に極楽に行く。大オチですけれどね。

吉田　タイでは最後までカオスになってしまう。

小嶋　うん。その辺は、ハッキリはできてないですね。

吉田　「ワットムアン」（タイ中部）は、ちゃんと救ってくれる大仏さまがいますけどね。

小嶋　ここも、順番がよく分からない。地獄だけじゃなくていろんな像があるのね。

吉田　西遊記、『ラーマーヤナ』（注15）とかもありますからね。これも、一本のストーリーが時系

注14　**『往生要集』**　日本の浄土教の思想的基礎となった平安時代の仏教書で、985年に成立。地獄に関する記述は広く民衆にも影響を与えた。

注15　**『ラーマーヤナ』**　古代インドの大叙事詩で、7編2万4000頌（しょう）の詩句から成る。2世紀末成立とされる。

列順じゃなくて、いろいろ混在してるタイプの空間ですね。

小嶋　どんなに残虐な地獄寺でも本堂と本尊だけはちゃんとしてます。つまり地獄を巡ったあと、最後に本堂で仏様に救われる、というストーリーになっているのかもしれません。

吉田　そうしたゆるいやつの代表選手が、ワットプートゥドンっていう感じですかね？

小嶋　そうですね。お金を入れると電気で動くんですけど、壊れてるものが多いっていうのも脱力ポイントです。本来であれば、上の写真の鳥とかに真ん中の人がつつかれるっていうことだと思うんですけど。

吉田　動物に、なんか悪さしたっていうことなんでしょうね。

小嶋　生きてるうちに生き物を殺《あや》めたら、地獄に落ちるっていうのは、タイの地獄ではポピュラーで、動物にあの世で仕返しされるっていうのは、繰り返し出てくるストーリーなんです。

吉田　魚を釣ったやつは、地獄に落ちてから魚の化け物に自分が釣られるとか、ですね。

小嶋　頭が魚の人間になっちゃったりとか。腹を裂かれて料理される。そういえば、料理される地獄も多いですね。

吉田　そうですね。食が好きなんでしょうね。

小嶋　鍋に入れられたり切り刻まれたり、よく分からない、パスタマシーンみたいなのに挟まれたり。料理される責め苦が多い。

吉田　食を発想元として、猟奇を考えちゃっている。

萬佛寺（香港・沙田）

小嶋　中国の地獄では、処刑シーンが多いですよね。首を切られる、腹をのこぎりで切られたり、車で押しつぶされるとか。**タイはなぜか食方面に特化して、最終的に食われるっていうのがすごく多いですね。**

吉田　国民性でしょうね。

萬佛寺（香港）の金ピカの五百羅漢

小嶋　次は、香港の「萬佛寺」（香港・沙田《シャティン》）。ここは香港でも有数の大きなお寺なんですけど、参道にずっと、五百羅漢のお坊さんがズラッと並んでるんですね。ほぼ等身大か、実際より大きいぐらいのもので、全部、ＦＲＰでできています。

山の上にあるお寺なんですが、街から山の上に続く参道の坂道に、この金ピカのお坊さんの像がずっとつながってまして。

吉田 映画「インファナル・アフェア」に出てくるやつですよね？ わりと印象的に使われてました。

小嶋 確か、オープニングのシーンに。

吉田 そうですね。「これからやべぇこと起きるぞ」みたいな感じで（笑）。

小嶋 そう。このお寺にはあまり似つかわしくない、シリアスな感じで。

編集部 （右の写真を見ながら）こんな格好もしてるんですね。普通の五百羅漢に似ても似つかない感じですよね。

吉田 五百羅漢は日本でもそうですけれど、みんな自由な造形の、遊び心を発露するためのテーマになってますね。

小嶋 仏様じゃなくてお坊さんなんで、仏像よりは作ってる方もおもしろみを入れやすい。囲碁をさしたり、お酒飲んだり、いろいろやってますね。

吉田 あと普通に、知り合いの誰々さんを羅漢の中に入れたりしますから。

小嶋 もともと江戸時代に五百羅漢信仰が流行ったのは、五〇〇体いるので、行けば誰か、身内の死んだ人に似てる羅漢がいるっていう風に言われたからでして。中には異常に足の長い人、異常に

手の長い人とかがいて、「こんなのいたっけ？」って感じですけど。眉毛が異常に長かったりね（上の写真）。

吉田　これ、伝説があるんでしょうね。

小嶋　この眉毛の長い人は他のお寺でも何回か見たことあるので、何らかの説話に登場する羅漢さんなんだと思います。

吉田　でも、例えば日本の「昭和羅漢」（福島県小野町）は、完全に好き勝手やっちゃってますけど。あれよりはまだ、体系立ってますね。昭和羅漢は現代の中小企業の社長がゴルフしてたりとか。あれは地元のおじさん、おばさんたちが、好きに造形を楽しむっていう側面もありますからね。

日本の「ふれあい石像の里」（富山県富山市芦生《あしゅう》）という、五百羅漢系の最終形態みたいなところがありますね。医療法人の会長が自分の知り合いの人たちを羅漢にしているみたいなものすごいところがあるんですけれど。作ったのは中国の有名な彫刻家、ルー・チンチャオさん（注16）です。

注16　ルー・チンチャオ（盧進橋）　中国の全国工藝美術大師（名誉人間国宝）の彫刻作家。

中国やベトナムの説話を取り入れた遊園地、ソイテンパーク（ベトナム）

小嶋　次の「ソイテン（スイティエン）パーク」（ホーチミン郊外）は遊園地なんですけれど。

編集部　『奇界遺産』（佐藤健寿著、エクスナレッジ）の表紙の写真の場所ですね。

小嶋　あ、先に行ってるのはこっちなんで（笑）。ここは遊園地なんですけど、中国やベトナムの説話がもとになっていて。

吉田　ベトナムも一応は社会主義なので、国立施設としては宗教的なものは造らないはずなんですけど、遊園地やアミューズメント施設だと造ってもいいみたいなノリがあるんですよね。中国もそうですけど。そこで、宗教色が出るっていう。でもこのプールの巨人は、何なのか分からないですね（笑）。

ソイテンパーク（ホーチミン郊外）

小嶋　他にも、地獄巡りだったり、道教っぽいお堂があったりして、そこかしこに宗教だったり昔話みたいなものを感じさせるものがいっぱいある（次ページの写真）。

吉田　サイケな仏舎利塔《ぶっしゃり》みたいなのもありますよね。中に入ると、サイケデリックな感じになってる。

小嶋　いきなり、ワニ釣りがあったりね（笑）。あと、ニシキヘビに生

きてるアヒルをバッて投げて、食わせるショーみたいなのも、私が行った頃はやっていましたけど。みんなが見てる中でアヒルをバババババッて食うみたいな。

吉田　中国の上海の動物園で、生きた鶏を、バスのダストシュートみたいなところからボンって出して、虎に食わせるのを見せていたらしくて。「見たい！」と思って行ったんですけど、もうやってなかったです。普通のも肉の切り身を、ポイポイあげてました。

小嶋　そういうことができなくなってきましたね。

吉田　上海万博の時に、欧米系の人たちにバレたらうるさいから禁止したんでしょうね。そういうの、多いですよね。

編集部　確かにね、感覚が違うものね。

吉田　でも、残してほしいんですけどね。欧米の動物愛護団体とかがうるさいんでしょうな。

ベトナムの場末の小さな遊園地、ダムセン公園

吉田　脱力っていう意味では「ダムセン公園」（ホーチミン）はもっと脱力的です。ホーチミンには遊園地が二つあって、ソイテンパークは、大がかりな感じのおもしろいところ。

ダムセン公園は、もっとちっちゃいやつで、ソイテンパークができてから、完全に寂れちゃったんですけど。地方のちっちゃい場末の遊園地っていう感じです。あそこって行かれました？

小嶋　行ってないです。

吉田　昔、ワニ釣りがあそこでもあったらしいんですよ。ソイテンパークの方のワニ釣りは、お堀みたいなところから糸に垂らした肉でもって釣るんですけど。ダムセン公園の方は、浮袋が両脇についている檻の中に自分が入って、池の真ん中に浮かんで、檻の中から釣るんですね。

ワニが、バシャバシャバシャッて群がるから、**傍目から見てると襲われているようにしか見えない。**動物パニックムービーですよ。そこも行ってみたんですけど、もうワニ釣りのアトラクションは廃止されちゃってました。

ダムセン公園（ホーチミン）

吉田悠軌氏が選ぶ ベスト・脱力スポット｜海外｜

- ダムセン公園（ベトナム）
- スイソテル・ナイラート・ホテル（タイ）
- 葉山楼（台湾）

池のほとりにホームレスみたいなおじいさんがいるだけで、周りは完全に工事中。僕を案内してくれた警備員のお兄ちゃんが、ホームレスのおじいさんに、「せっかく日本から来たんだから、やらせてやれよ」みたいなことを言ってくれたんです。でも、おじいさんは「絶対、無理」って答えているみたいな。

ベトナム語だったので、よく分かんなかったんですけど。二人でワーワー口げんかして、結局、ワニ釣りはできませんでしたね。これは想像ですけど、僕が行く直前に、たぶん人が死んだのかもしれない……。

小嶋　食い殺された？　怖い……。

吉田　ソイテンパークもダムセン公園も、ホーチミン中心部から行けるので、二つとも訪ねてほしいですね。

小嶋　ソイテンパークはベトナムでも一番大きいレジャーランドですよね。

おばちゃんが呪いたい相手の名前を書いた紙をスリッパで叩いてくれる（ダーシウヤン／香港）

小嶋　香港の「ダーシウヤン」は「打小人」って書くんですけど、占いスポットみたいなところですね。香港のど真ん中の高速道路の高架下に、ゴチャゴチャっとした場所がありまして、占い師のおばさんが、地べたに店を広げてるところなんですね。
ここの占いの特徴は、「シウヤン」っていって自分の願いを叶えたい時に邪魔になる人のことを言うらしいんです。その人が邪魔をしないように、その人の名前を書いたりした紙を、スリッパで叩く。

吉田　叩くとなると、スリッパを持ち出すのは、万国共通なんですね。ドリフと一緒ですもんね。

小嶋　そうですね。スリッパかカンフーシューズみたいなもので叩いてるんですけど。踏みつけるっていう意味なんですよね。**「バカ、バカ、バカ！」って言ってかなり激しく……。**

編集部　へえ、申し込んだ人が、自分で叩くんですか？

ダーシウヤン（香港）

小嶋　おばちゃんがやってくれるんです。来た人は、自分を邪魔する相手の名前を言うのか、自分はこうしたいっていう希望を言うのか、分かんなかったんですけど、最初にチョコチョコと言って、あとはおばちゃんが全部、自動的に最後まで。紙を最初に燃やして、ハードにやってましたね。

以前は、おばちゃんがいっぱいいいた時期もあったらしいんですけど、私が行った時はもう二人のおばちゃんしかいなくて。時期によってはもっと増えるらしいんですけど、意外と寂しい感じでやってました。やってもらってる方も、半笑いみたいな感じでしたけど。

編集部　（写真を見ながら）わりと、若い女の子も多いですね。

小嶋　若い人が多かったですね。周りで見てる人も、みんな若い人だった。途中で若いお兄ちゃんが来て、やってました。ずっと二人で、iPhoneで動画撮ってましたけど。ここも実際に見てみると、意外と脱力する場所でしたね。

マレーシアのキャラ立ちしてない五百羅漢（イポー）

小嶋　次が「マレーシアの五百羅漢」（イポー）なんですけれど、先ほどの香港の五百羅漢とは違って、コンクリートのかなり下手っぴな羅漢さんなんです。数はいっぱいあるので、迫力はあるんですけれど、何度も塗り替えていて。

吉田　意外に、テラテラしてますね。

小嶋　変な釉薬《うわぐすり》を塗ってあるらしくて、ピカピカしてるんです。コンクリートなんで、何度も何度も塗り替えるたびに、どんどん顔が変わってきちゃうんですよね（笑）。

吉田　でも、微妙な顔の差がありますよね。

マレーシアの五百羅漢（イポー）

小嶋　そう、まったく同じではない。
吉田　とはいえ、キャラ立ちも、あんまりしてない。
小嶋　そう、キャラ立ちはしてはいないんだけど、同じくも作れないぐらいのレベルですね（笑）。
編集部　みんな拝んでる格好なんですかね？
小嶋　大きい寝釈迦さまに向かって説法を聞いてる風なていだと思うんですけど、みんな座って合掌している感じですね。
　日本のコンクリ仏と同じなんですけれど、コンクリートで、とにかく五百羅漢を作るぞと思った人がいるんでしょうね。**情熱だけで突進していった結果、残念なクオリティだった**んですが、おかげさまで、立派に五百羅漢が揃いましたっていうお寺です。
編集部　これ、知り合いの顔を探すのも大変そうですね、顔のバラエティがなくて。
小嶋　似た人、いなさそうな感じしますけどね（笑）。みんな漫画っぽい顔なんですよね。

漫画っぽい感じの地獄寺、華聖宮（マレーシア・クアラグラ）

小嶋　次はマレーシアの「クアラグラ」っていう海沿いの小さな村にある中華系のお寺「華聖宮」ですね。パームツリーのプランテーションのど真ん中にあるお寺なんですけれど。造形レベルとしては、こんな感じ（次ページの写真を見せる）。

華聖宮（クアラグラ）

編集部　遠くから見ると、わりといいのかなぁと思ったんですが。

小嶋　この後ろの山もコンクリートで造ってあるんですけど、力作なんですが、細かいところを見ていくと……残念な感じなんですね。失敗したケーキみたいな。

中が地獄巡りになってるんです。中に入ると、このように……。

吉田　よい造形ですね。

小嶋　かなり漫画っぽい感じですよね。コンクリートで作ってあります。中華系のお寺なんで、最後に地獄を出る時に地獄の記憶が一切なくなってしまう飲み物を渡されるんですけれど、それを待ってる行列なんです。これ、槍で刺されてるんですけど、あまり痛そうじゃない（前ページ下の写真）。

編集部　のんきな顔してるな。

小嶋　そう、鬼の方も、やられる亡者《もうじゃ》の方も、何て言うかかわいらしい（笑）。痛そうな感じも全然ないし。本来の目的から大きくそれてしまった感じですね。

高級ホテルの裏の男性器群（スイソテル・ナイラート・ホテル／バンコク）

吉田　バンコク市内の、大使館が並んでいるような場所にある「スイソテル・ナイラート・ホテル」は行きやすいですね。日本の皇族の人たちが泊まるようなところで、昔の高級ホテルっていう感じですね。

小嶋　だいぶ古い。

吉田　ですね。ただ、そこの裏庭に、男性器ばっかり祭ってある一角があるんですよ。セレブの白人が、プールやレストランで食事しているんだけど、裏を通っていくと現れる。

小嶋　バックステージみたいなところを通っていかないと行けない。

スイソテル・ナイラート・ホテル裏の男根群（バンコク）

吉田　そう。半地下の駐車場みたいなところに行って警備員さんに声をかけて行かないと。この男性器は、リンガの信仰ですね。

小嶋　ほぼほぼ、日本と同じ意味合いだと思いますね。

吉田　豊穣だったり。インド系の信仰も混ざってるのかもしれないですけど、ホテルが建つ前からもともと、土地神みたいなものとしてあったのでしょうね。

日本でも、神社をつぶすのは畏《おそ》れ多いから、目立たない一画にだけ残すっていうことがある。それと同じパターンだと思います。ちゃんと奉納や礼拝も続けられているんです。

小嶋　ちゃんと水を替えて、お花をあげてね。あれ、ホテルの従業員ですよね？

編集部　ちゃんと信仰の対象になってるんですね。

吉田　足が生えてるやつ（次ページの写真）とか、**ものすごい数の、大小様々のおちんちんがありま**

す。でも、ここに泊まっている白人たちは、まず知らないんですよ。

小嶋　そうだね。ここに泊まってる人たちが知ったら、卒倒しますよ（笑）。

吉田　ここは、ホテルに泊まってなくても見学できるんで、気軽に訪ねられます。

編集部　川崎のかなまら祭りには最近は外国人が押し寄せてますけれどね。お金持ちとは違う層なのかもしれないですね。

小嶋　かなまら祭りに行って喜んでる外国人は、こういう高級ホテルには泊まってないでしょうね（笑）。

葉山楼（台湾）はサグラダ・ファミリアを超えた迷宮

吉田　台湾に、おじいさんが一人で造っちゃった「葉山楼」（桃園縣）っていうものすごいお屋敷があるんですよ。もともと、台湾でどこか心霊スポットに行こうと思って、中国語のお化け屋敷「鬼屋」「怪怪屋」で調べてるうちに、発見したんですけどね。

心霊スポットなんじゃないのかって噂されてたらしいんですけど、実は、葉さんっていう鉄鋼会

葉山楼（台湾）

社の社長さん――もう引退されてるのかな？――の自宅です。財力もあり、資材を調達しやすい状況だったので、自分の家に迷宮のようなお城を造っちゃったっていう。

小嶋　ものすごく複雑な構造で、各場所によってデザインが全然違うんですよね。

編集部　最初にデザインがあったけど、増殖していったんでしょうね。

吉田　コンクリートと鉄骨で、直線的にゴチャゴチャつながっていて、昔のファミコンの迷路・迷宮みたいなんです。「迷宮組曲」っていうソフトにソックリですね。そういった謎の大建築を一人で造っちゃった。

小嶋　かなり奇異ですね。

吉田　外階段が螺旋になってるんですけ

ど、手すりがないんで、危ないんです。

小嶋　私も吉田さんの記事を見て行ったんですね。行った時、ちょうど台風が来ていて、「上、登っていいか？」っておじいさんに聞いたら、「いや絶対、今日は駄目！」って言われて（笑）。泣く泣く、下から見上げてたんですけど。

編集部　これ、声をかければ中に入ることができる？

吉田　できると思います。僕、日本人で初めて行ったんですが。どうも息子さんが、日本に留学しているらしく、日本びいきではありましたね。「ぜひ、見ていってくれ」みたいな感じでしたよ。

僕の知ってる限り、その後、何人かは行ってるので、だんだん面倒くさくなってきたのか、対応が雑になっているみたいですけど。しょうがないですよね、個人宅ですから。

編集部　中に何かあるわけじゃなくって、単純に変な建築物っていう感じなんですかね？

吉田　そうです。通路をゴッチャゴチャに造っていて、まだ建設途中らしいんですよね。「サグラダ・ファミリアみたいですね」って葉さんに言ったら、「ガウディと一緒にしないでくれ。私の方が、アート&ビューティフルだ」って。

小嶋　でもある意味、〝ガウディ超え〟はしてますから（笑）。かっこいいんですよ。

吉田　なんていうか、鉄鋼会社の土建屋さんの社長なので美意識が違うんですよね。ガウディのウニョッとした感じじゃなくて、男らしく、コンクリートと鉄骨で、ガッチリ造るという。

編集部　色味も全然違いますものね。地味っていうか、グレーばっかりで。

現在は看板広告が減ってるかも？

吉田　そうなんですけど、広告はちゃんとつけてるっていう。道路側にでっかい看板広告をつけちゃって台無しにしちゃっているんだけど、これはこれで味なんですよね。「こんなのつけない方がいいのに」と思うけど、ついちゃってるのが、サグラダ・ファミリアみたいな文化財とは、また違う良さです。

葉さんは鳥よけのネットを兼ねてるって言い訳してるんですけど、絶対、お金取ってますから。

小嶋　取ってますね。

吉田　交通量の多い交差点なんです。

小嶋　ちょうど、この間台湾に行った時に、この脇をバスで通ったら、広告が減ってましたよ。

吉田　契約が切れただけかもしれない。

編集部　現地の人は、珍スポットとしては行ってないんですかね？

吉田　一九八〇年代ぐらいに、台湾の週刊誌で取り上げられたって葉さんが言ってましたけど、それぐらいですね。あとは、地元の珍スポットで、若者がインターネットに書き込んでるぐらい。

小嶋　そうですね。

吉田　僕、高所恐怖症なんで、手すりのない階段に行くと「脱力」しちゃう。腰が砕けて。アワワワって。信頼はしてますけど、崩れてもおかしくないですからね。

小嶋　個人で造ってる家ですからね。どこが抜けるか分からないから、怖いですよね。

吉田　鉄鋼会社の社長さんですから、プロはプロですけど。でもこの建物、建築基準法には通らないですよね。

小嶋　めっちゃくちゃ鉄骨は使いまくってるんで、異常に頑丈になってるかもしれません。

吉田　確かに鉄骨の棒が、あちこちに転がってますし。そんなに使わなくてもいいのにというぐらい使っているから、頑丈は頑丈なのかもしれません。

もし葉さんがいなかったら、裏手から外観をちゃんと見れるので。裏手の畑から見てもらえれば、十分すごさが味わえると思います。

なぜ脱力スポットに駆り立てられるのか

編集部　では脱力スポットの総括を。

吉田　全部、本流からは外れているけれど、作らざるを得ないっていう……「とにかく作るんだよ！」と、手が先に動いたような感じのスポットですね。

小嶋　**あらゆる意味で、過剰なんだと思うんです。**珍スポットが好きだけど、一般的な社会生活を送ってる人間から見ると、その過剰な熱みたいなものに置いていかれる感覚が——ついていけないっていうことですよね——あるんですよね。それが、脱力になるのかなぁっていう気がしますね。

編集部　お二人とも、手間やお金をかけてそういうところを巡るわけじゃないですか。その情熱は何なんでしょうね？

吉田　**衝動を感じたい、パッションを感じたいというのはありますね。**パッションを受けて、「僕も頑張らないとな」と刺激を受けるというのはある。「こういうので、いいんだろ」みたいなおざなりな仕事の仕方したり、あとは、自分で考えないで、既存の考え方に乗っかってるだけっていう部分について、目を覚まさせてくれるところはありますね。

小嶋　どこかで背中を蹴っ飛ばしてくれるっていう刺激は、ありますね。**見れば見るほど、もっと見たくなりますね。**見れば見るほど、どんどん中毒性が強くなってくるんだと思うんですけど。

編集部　近いので、どうしても日本かアジアになっちゃいますけど、アメリカや南米、中東圏、ヨーロッパにも、探せば、いろいろあるんでしょうね。

吉田　単純に、僕たちが行きやすいのと、情報が伝わってきやすいのがアジアなんですね。

小嶋　私は基本、お寺なので、仏教圏が中心になってしまうっていう意味で、アジアになっちゃってますけど。イスラム教は分からないですけど、キリスト教だろうがヒンズー教だろうが、各宗教に珍寺的なるものは、絶対ありますね。

吉田　イスラムの地獄巡りもあるらしいですからね。宗教学者の飲み会で聞いたんですけど、どうもトルコにあるらしい、と……。

吉田悠軌氏

小嶋独観氏

第3章
二人が選ぶベスト・心霊スポット（日本編）

実際に殺人事件が起きた場所――ホテル活魚（千葉県）と犬鳴トンネル（福岡県）

吉田　心霊スポットは、いろいろ行っているんですけれど。土地の権利者がいるようなところも多いので、気ままにお勧めできないところが多いですね。不法侵入になっちゃいますから。もちろん、仕事で行く時は許可取ってますけどね。

ホテル活魚（千葉県）

犬鳴トンネル（福岡県）

それはそれとして、「一番怖い心霊スポット」っていっても、その怖いっていうとらえ方もいろいろありますよね。でも僕は、東西の両横綱みたいな感じで挙げるのは、千葉県の「ホテル活魚」と、北九州の「犬鳴《いぬなき》トンネル」（福岡県）ですね。

これは両方とも、実際に殺人事件が起きて

いるところです。ホテル活魚も犬鳴トンネルも、事件が起きるよりも前から、心霊スポットとして有名な場所でした。だからこそ、ヤンキーや不良の人たちのたまり場にもなっていったんです。

心霊スポットって世間の裏側の部分ですからね。**脱世間、反世間、反社会な人たちが、集う空間という側面もあって。**ホテル活魚は、女子高生が連れ去られ、殺されて、遺体を冷蔵コンテナに入れられたという事件が起きました。

犬鳴トンネルは、地元の不良たちに若者が拉致されて、リンチされて、最終的には車の中で焼き殺されるっていう事件が起きています。それが怖い話としてフィードバックされて、さらに心霊スポット性を増してしまうという、負のスパイラルがあるんですね。

心霊スポット探訪は一つの通過儀礼、イニシエーションみたいなものです。死の世界を見て、戻ってくるという意味で、文化的な側面もあるんです。だから心霊スポットに行った方がいいとは思うんですけれど、この二つの場所については心霊スポットの闇の側面を代表してしまっていますね。

心霊スポットは、いくら理屈をつけようと、ネガティブな意味での死の世界、表社会から隠された場所という側面は、もちろんあります。不良だったり、社会の裏側の人たちにとっては、そうした部分を感じて居場所に選びやすいのでしょう。

編集部　事件が起きる前にそういう人たちがいたからこそ、結果的に事件も起きちゃうわけですね。

吉田　そうです。事件を起こす場所として選ぶっていうことですね。また、事件が発生する時に、一つ背中を押す要素にもなったのかもしれないですね。あそこで殺しちゃえばいいやっていう。

編集部　霊感があったり、すごく敏感だったりする人がいて、パニックを起こされたりするとマズイので、この本で怖がらせるようなことはしたくないんですけど。「死を疑似体験するための場所として、冷静に、そういうところに行ってみるのもいいですよ」っていう感じで、勧められる場所があればお願いします。もちろん読者が行かれる際は、自己責任でお願いしたいですね。

吉田　「自己責任で」っていうのも、一つの無責任なんですけど（笑）。でも、場所の記憶っていうものを感じ取るには、心霊スポットは適していると思います。ホテル活魚、犬鳴トンネルは、リアルに、直近で、殺人事件が起きてるような場所ですからね。

この二つは、「実際に怖い面もあるんだよ」っていうのを教えてくれるスポットですね。「殺人事件が起きた」という事前情報があるからっていうのも、もちろんありますけど、それが場所の記憶っていうことですから。そういうのが起きてる場所だと考えると、怖さがさらに増していく。

吉田悠軌氏が選ぶ ベスト・心霊スポット｜日本｜

- ホテル活魚（千葉県）
- 犬鳴トンネル（福岡県）
- オソロシドコロ・剣の池（長崎県）
- 餓鬼堂の賽の河原（福島県）
- 淡嶋神社（和歌山県）

禁足地は虐げられた人たちが逃げるアジールだった面も（オソロシドコロ／対馬）

吉田　もっと古いスポットでいえば、対馬の「オソロシドコロ」（長崎県対馬市）と、壱岐《いき》島の北、辰ノ島にある「剣《けん》の池」というところが、二つとも禁足地《きんそくち》とされているような場所なんです。実際、対馬のオソロシドコロは、本当に入っちゃいけないような聖域。

オソロシドコロ（長崎県）

編集部　神社かなんかですか？

吉田　いや、神社ですらないです。虚船《うつろぶね》に乗せられた女の人が、太陽の光を受けて身ごもったという天道信仰なる独特の信仰があって。ある高貴な女性が、父親不在で太陽光で身ごもって産んだのが、天道法師だった。

その天道法師は、超能力を使うような人でしたが、即身成仏して、地下に埋まってるのが、オソロシドコロの表八丁なんですね。裏八丁は、そのお母さんの塚なんですけど。

対馬ですし、大陸の方の影響はあると思うんですすけど、独特な信仰ですね。入っちゃいけない聖域だからオソロシドコロと呼ばれています。ここでは「入ると死ぬ」という伝説が、山ほどありますね。船で近くを通る時も、伏せなきゃいけないとか、もしこの付近で転んだら、片袖を破って置いていかないと死ぬとか、草履が脱げても拾っちゃいけないとか、相当きつい禁足の掟があった。

でも逆に言うと、そういう場所は一種の避難地としても機能していて、犯罪者の人がここに来れば、もう法律は及ばない。犯罪者だったり、虐げられていた人たちが、逃げるアジール（避難地）でもあったという、興味深い場所ですね。

今は実際に入ってもいいので、信仰は薄れてるとも言えますけど、訪れるには地元のガイドの人にお願いしないと無理ですね。原生林の中を進まなきゃいけないんで、場所なんて分からないです。特に裏八丁の方は、ガイドの人も迷うぐらいですから。自力で行こうとしても絶対、無理です。

ここは広い意味での心霊スポットではあるんですけど、怖いっていうより、畏れ多い場所ですね。

編集部　実際に、幽霊が出るっていう伝承があったりするんですか？

吉田　ないですけど、あれしたら死ぬ、これしたら死ぬという伝承は、ありますからね。

小嶋　沖縄の御嶽《うたき》みたいな感じですかね？

吉田　御嶽ともかぶってますね。こちらの方が、より禁足の意味合いは強いですが。エリア全体が、禁足になってますし。つまり、一つの番外地みたいな感じで、人間社会が及ばない場所を作るっていう意味合いがあったということです。

小嶋　信仰というよりは、社会の仕組みの中で、そういう場所が必要だったわけですね。

吉田　対馬という場所の独自性もあるんでしょうね。日本と、大陸・朝鮮半島をつなぐ玄関口でしたし。いろんな流民が、古代から山ほど、出入りしていたでしょうからね。

しゃべる牛が現れる禁足地、剣の池（長崎県）

吉田　もう一つ、壱岐島本島じゃないんですけど、辰ノ島（長崎県壱岐市勝本町）という無人島があります。そこにある「剣の池」も、行っちゃいけない場所とされているんです。

緑色の池なんです。すぐ脇が海なんですけど、明らかに海の色と違う。入ったら、引きずり込まれて死ぬという伝承があるんですが、心霊好きにもほとんど知られてないんです。民俗学的にも知られてないと思います。調べてみたら、資料なんて一切なかったので。

編集部　どうやって発見したんですか？

吉田　福岡県在住の人がブログに書いているのを見つけました。剣の池は、辰ノ島の奥の方にあるんです。

辰ノ島には海水浴場があるので、無人島とはいえ、夏には賑わう場所なんですよ。ただ、その奥

剣の池（長崎県）

の方は行っちゃいけないってことになっていて。奥の方に行くと、ガレ場みたいに石がゴロゴロ散乱していて、その一番奥にこの池がある。
いろんな伝説があるんですけど、この島には昔、カザハヤ王——昔の倭寇みたいなもんだと思うんですけど——という、昔の王様の宮殿があったそうです。そのカザハヤ王が、渡来人かなんかに滅ぼされた時に、剣の池に彼の財宝を沈めた、と。
もし誰かがその財宝を探そうとすると、池の真ん中に、「自分の一番欲しいもの」が浮かんでくるらしいんです。思わずそれを取ろうと身を乗り出すと、池の奥底に引きずり込まれて死んでしまう……。あとは、しゃべる牛が出るという伝説もあります。

編集部　へえ、件《くだん》（注17）みたいですね。

吉田　そう、件を思わせますよね。こちらは戦後の話です。人間の言葉をしゃべる牛が出てくるか

注17　件　体は牛で、頭が人間の妖怪。人間の言葉を理解するとされる。予言と予知の能力に優れ、災害がある年には「件」が生まれると信じられた。

ら、行っちゃいけないという不気味な話が伝わっていて。でも別に、しゃべる牛に何かされるわけじゃないんですよ。

小嶋　予言をするでもなく？

吉田　そうなんです。僕を辰ノ島まで船に乗せてくれた漁師さんに聞いたんですが……。ここって牡蠣《かき》などの漁場が近くにあるらしくて、漁師さんの隣の家のオジさんが、剣の池近くで漁をしていたらしいんですね。そして陸地に上がった時、岩の裏側から「掃除ば、していけ！」って怒鳴られたそうなんです。

その声はおそらく、しゃべる牛のものだろう、と。姿は見てないけど、そのまま病気になって、今でもずっと寝込んでるって言ってました。つい最近の話ですよ。

小嶋「掃除ば、していけ」って長崎弁なんですね（笑）。

吉田　そうですね。なかなかパンチの強い、誰も調査してない心霊スポットです。でも、ここもオソロシドコロと同じ側面はあったと思うんですよ。もともと、外国の人が――大陸・朝鮮の人でしょうけど――戦後、ホームレスみたいに住みついていたという話もありますし、アジールとして機能してるようなところなんです。

行ってはいけない禁足地、社会の外側にあるから一般人は行けないというのは、逆に言うと、避難場所でもあるということですね。しゃべる牛の話や、外国人の霊が出るという噂もあるんですが、**それはつまり流民の人たちがいたという象徴ではないかと思います。**ここは不可侵にしておきなさいというルールの間接的な表現ではないか、と。

戦後から高度経済成長期を経て、日本国内はどんどん均一化していきました。禁足地、行っちゃいけない場所なんて、土地権利の問題、法律的な問題じゃない限りないはずですけど。とはいえ、語り継がれている場所という意味でなら、まだまだ禁足地があったりもしますね。

ムカサリ絵馬（山形県）

あの世で挙げる仮想の結婚式を絵馬に（ムカサリ絵馬／山形県）

小嶋　私の方は、心霊スポットは専門外なんで、心霊スポットというよりは死の世界を感じさせてくれるような場所を挙げてみました。主に、死んだ人の供養をする場所ですね。

山形県のムカサリ絵馬は、未婚で亡くなった人が、あの世で仮想の結婚式を挙げている様子を絵馬にしてお寺に奉納するという習俗なんですね。山形県の村山地方では、あちこちで見られる習俗です。

写真もありますし、イラストもあるんですけれど、壁中にびっしり貼ってあって、天井にもありますね。あとは巡礼の

あの世での仮想の結婚式が描かれる。

小嶋独観氏が選ぶ ベスト・心霊スポット |日本|

▶ムカサリ絵馬（山形県）

▶川倉賽の河原地蔵尊（青森県）

▶弘法寺（青森県）

▶恐山（青森県）

▶佐渡島の賽の河原（新潟県）

人も来るので、お札《ふだ》も壁いっぱいに貼ってあって、かなり異様な雰囲気です。

なんでこういうことをするかっていうと、社会システムみたいなものにも関係してくるんですけど、未婚で死んだ人は、そのままにしておくとご先祖様になれないという考え方があるんです。あの世で、嘘でもいいから結婚式をして、「結婚して、子どもができました」というていを持たないと、亡くなった人が先祖として祭られないらしいんです。

吉田　家制度が重視された世の中では、代々、誰かが家を継いでいきます。しかし所帯を持って子どもが生まれないと、家が次世代につながっていきませんよね。近代的個人ではなくて、昔は家自体がアイデンティティを担保していました。祖霊信仰もその表れです。

現実的に考えれば、子孫が生まれないと、家が途絶えちゃう。宗教的に考えると、そういう家のシステムを、ちゃんと機能させていた人々がどんどん先祖の霊になっていく。三十三回忌や五十回忌を過ぎれば供養は終わり。死んだ人の個人性はなくなり、祖霊の集合体に組み込まれるという信仰ですね。

小嶋　それに組み込むための一つの仕組みなんですけれど、それだけではおさまりきれない。亡くなった子どもに対する親の気持ちみたいなものが、ものすごく込められているので、単なる伝統的なシステムとしての習俗ではなくて、ものすごく感情的な部分が見てる方にも伝わってくる感じですよね。

吉田　その部分は強いですね。そしてそれを重視するようになったのは近代的な感情でもあります。ムカサリ絵馬も、始まったのはそんなに昔ではないですね。

小嶋　明治の後半ぐらいだって言われてます。

吉田　冥婚《めいこん》（注18）というと、昔のイメージがありますけど。日本の東北地方の冥婚は、盛んになったのは最近ですね。近代に入ってからになるという。

編集部　どこかのお寺が始めたんでしょうか？

小嶋　山形には、拝み屋さんやイタコさんみたいな方が多くいるので、そういった方が例えばその家によくないことがあった時に、お告げとして、「誰々の霊が結婚できなくて迷っているぞよ」みたいなことを言うと、それを聞いて、その家の人が納めに来たりするということはよくあったそうです。

吉田　確かに、両親の思いというのも半分あると思うんです。でも、供養しないと祟るという感情

注18　冥婚　生者と死者が行う結婚。死後婚（しごこん）、幽婚（ゆうこん）、陰婚（いんこん）、鬼婚（きこん）などとも。

もあったのでしょう。荒魂《あらみたま》（注19）を和魂《にぎみたま》にするという手続きもあるんでしょうね。

何かあった時に、そこに理由を求めちゃうんですね。何かあると、「結婚できずに死んだ、若くして死んじゃった家族の誰かが無事に成仏してないからだ」という発想です。

小嶋　あと、若くして亡くなった人がいて、その人の兄弟が結婚する時に、昔、死んだお兄ちゃんも一緒に結婚式を挙げてあげようという感覚もあるみたいです。ですから、亡くなってから数十年後にやるという場合もあると聞きました。

親の思いが重く伝わる人形婚の寺（河原地蔵尊と弘法寺／青森県）

小嶋　これも同じような死後の結婚式なんですけれど、「川倉賽《かわくらさい》の河原《かわら》地蔵尊」（青森県五所川原市）ですね。青森らしくお地蔵さんがずっと並んでいて、亡くなった人に奉納する着物、洋服、おもちゃなんかが、天井からバーッと下がってる。
吉田　ここに祭られるのは、若くして死んだ人が多いですね。
小嶋　左の写真のように化粧をして、着物を着せてというのは、津軽地方に行くとそれほど珍しくない。むしろ津軽のお地蔵さんはこのようなスタイルが多いんですけれど、その中でもここは特にいっぱいお地蔵さんが集まってる場所ですね。
吉田　歴史的に、津軽地方の地蔵信仰の聖地だったんでしょうね。

川倉賽の河原地蔵尊（青森県）

小嶋　あと、弘法寺《こうぼうじ》。

吉田　人形婚については川倉よりも弘法寺が元祖ですから。

小嶋　山形の場合は絵馬でしたけど、こっちは夫婦人形を作る。人形の前に写真が置いてありますが、これが亡くなった人。花嫁の人形が仮想の花嫁さんという形ですね（次ページの写真）。

編集部　こういうことをやってるところでも、水子の信仰もあるんですかね？　水子さんは水子さんであるのかしら？

小嶋　水子は昭和四〇年代だったっけ？

吉田　そうです。そこに祟りみたいなものを見て、供養しなければいけないという社会的認識が一般化したのが、昭和四〇年代ですね。

注19　**荒魂**　神道で、神の霊魂の働きのうち荒々しく、戦闘的で、力強い面のこと。霊魂は荒魂と和魂の二つの働きを持ち、和魂はさらに幸魂（さきみたま）・奇魂（くしみたま）の二つの働きを有するとされる。

小嶋　水子信仰・水子供養の習俗というのは、日本中にありますね。

吉田　川倉賽の河原地蔵尊は、地蔵信仰が源流にあります。イタコの口寄せを例大祭の時にやって、死んだ子どもを口寄せしてもらったり、あとは、若くして亡くなった子どもに地蔵を供えて、さらにバーチャルに成長させていくんですね。

ランドセルを奉納したり、成人式の服を奉納したりということをやって……人形婚も、その流れの一つです。また水子供養も、そうした流れに組み込まれていったのでしょう。

人形の前に亡くなった人の写真が。故人の写真と花嫁人形のみが並ぶパターンもある。

小嶋　ここで興味深いのは、奉納する人が、年々増えてるらしいんですね。もともとは地元でローカルでやってた習俗だったんでしょうけれど、テレビでたまに取り上げられたりするんで、そういうのを見て全国から奉納されたりした。それが、人形がもう置ききれなくなってどんどんどんどん増築・増築で、建物がずーっと増えてるらしいですね。

吉田　一般公開しているので、有名なのは川倉になるんですけど、本当はもう一つの弘法寺が元祖なんですけどね。

小嶋　確か、あそこ撮影できないんだ。

吉田　住職さんに許可を取れば、見学はできますよ。でも川倉賽の河原地蔵尊ほど、気軽には見れないんですよね。

弘法寺は真言宗のお寺。人形婚は戦後に始まった習俗らしいです。戦争で兵隊さんが亡くなって、まだ結婚もしてないし、恋愛もしてないという若者たちを、親族が結婚させてあげようってなったのが始まりですね。

戦前ぐらいの時も、人形を使わない冥婚はあったみたいですが……。ともかく戦後になって次第に花嫁人形と花婿人形を使って死後の結婚をさせるようになりました。しかし弘法寺の住職さんも、どこの誰がいつ始めたのか、詳細は分からないそうです。

資料として残されてないので、調べようがないそうなんですね。戦争がキッカケとなって人形婚が始まったわけですが、青森の歩兵第五連隊（注20）って悲惨な目に遭ってるんですよね。八甲田山の遭難事件もそうですし、日露戦争でも激戦地に配属されたし。そして満州事変から転戦し、最終的にはフィリピンでほぼ壊滅してますから。

話はズレますけど、政治力の弱い地方の部隊が激戦地に送られたという説もあります。青森第五連隊だったり、もっと言えば弘前の第八師団だったり。それで結局、フィリピンでほぼ全滅みたいな感じになってますから。

そういうことも人形婚が生まれる背景に影響していると思います。恋愛も知らない若い子たちが戦地で死んじゃって「じゃあ、せめて結婚だけでもさせてあげたい」というので始まったのが、人

注20　青森の歩兵第五連隊　大日本帝国陸軍の連隊の一つで、１９０２年、青森県の八甲田山で陸軍の雪中耐寒行軍中に遭難事件（八甲田雪中行軍遭難事件）を起こした。

形婚だったのではないかと思います。

編集部　現代も、それが拡大し続けてるのが興味深いですね。

小嶋　山形のムカサリ絵馬も、どんどん遠方の人が来て奉納してるという話は聞きましたので、そういう意味では、マスメディアで紹介されて、信仰圏《しんこうけん》も広がっていくという感じがありますね。

吉田　川倉も、弘法寺も、基本的には、近隣住民の奉納が多いんですけど。一九八〇年代からテレビのワイドショーで紹介されて、飛躍的に増えたらしいです。

編集部　子どもを供養したいという思いは、現代人だって変わらないですものね。

吉田　ムカサリも、人形婚も、死が生々しい形として、残っていますね。

小嶋　川倉賽の河原地蔵尊の人形堂は、怖いなという感じがありますね。

吉田　気分が落ち込みますね。死が身近にあるのと、両親の感情が生々しく伝わってくるから。男性の死者のガラスケースには、おもちゃの車が入っていたりしますね。

小嶋　車やオートバイが入っていたりね。事故で亡くなったのか、分からないですけど。

吉田　若いから、葬式用の写真なんか撮ってるはずないので、たいていスナップ写真で、車に腰かけたり、スナックでカラオケ歌ってる写真だったり。

小嶋　無邪気な写真が多くて、それが逆に痛々しいですね。私も、お寺だったり、死んだ人の供養の場所ってかなり行ってますけど、ここは抜群に重かったですね。一人でいるといたたまれなくなる。

吉田　弘法寺の方も、まじめな目的で行けば見せてもらえるんで。住職さんにお願いしてみてください。川倉と弘法寺の両方、行ってもらえるといいですね。

青森の民間信仰が如実に現れている場所も――恐山（青森県）

小嶋　恐山（青森県むつ市）は、心霊スポットということで大丈夫ですか？

吉田　広い意味では、賽《さい》の河原ですからね。

小嶋　そうなんです。ここもまさに賽の河原であり、血の池地獄だったりという、死後の世界をシミュレーションしてる場所なんですね。

賽の河原ばっかりがクローズアップされるんですけど、青森県の民間信仰みたいなものが如実に現れてる場所が何か所かあるんですよね。上の写真のように手ぬぐいを木の枝にかけてあるところとか、着物が奉納してある場所とかね。観光客は行かないと思いますけど。

編集部　手ぬぐいは願掛けなんですか？

吉田　亡くなった方が旅路の時に使うんですよね。草鞋《わらじ》を奉納する場合もありますね。

編集部　ここ、テレビではなかなか紹介されないですね。

小嶋　されないですね。一番、奥にありますしね。

佐渡島の賽の河原は全国の賽の河原の中でも特に怖い

小嶋　佐渡島の海岸沿いにある海食洞窟の中が、あの世とこの世がつながってる場所だという風に言われていて、そこに賽の河原（新潟県佐渡市願《ねがい》）があるんです（口絵写真）。子どもの供養のために、写真のようにお地蔵さんがいっぱい奉納されている。お地蔵さんは、賽の河原で子どもを助けてくれるんですが、かなり土着的な感じがしますね。

日本の宗教って神道と仏教があるんだけど、先祖に対する信仰は、それとは別の宗教というか、信仰があるような気がして。ここも、仏教にのっとってはいるんですけれど、仏教のカテゴリーでは計り知れないような、日本人の奥底にある、澱《おり》みたいなものを、すごく感じるんですよね。

体系的な在来宗教とは別の、もっとエモーショナルな信仰みたいなものが、こういうところに見られるような気がしますね。

吉田　ニライカナイ（注21）のように、海の向こうを極楽に見立ててる面はあるんでしょう。賽の河原は、全国に山ほどあるんですが、あまり賽の河原ウオッチャーがいなくて、データベース化されてないんで、よく分からないんです。でも、旅行してると「ここにもあった。あそこにもあった」って見つかりますね。

小嶋　地名としても、あったりしますからね。

吉田　ここまで大がかりじゃなく、お堂があって地蔵が一体だけいるような賽の河原もありますね。

編集部　海沿いが多いですか？

吉田　山の中の川沿いにもあります。日本中の集落にあるんだと思います。

小嶋　賽の河原は物理的な河原じゃなくて、あっち側とこっち側という意味ですからね。川沿いに多いことは多いですね。川は、あの世とこの世の境界そのものですから。

吉田　佐渡の願集落の賽の河原は、全国の賽の河原の中でも、だいぶ怖いスポットだと認識されています。雰囲気も暗いですね。佐渡島が流刑地だったこともあるかもしれません。

そこの石を持ち帰ると死ぬという伝承が、ここでは強くあります。石を持ち帰ると駄目というのは、恐山など賽の河原系でよく言われることなんですけど。佐渡の賽の河原ではかなりのタブーですね。

しかし海沿いの石がゴロゴロしてるところを行くしかないんで、蹴っころがしちゃうんですよ。積み石も崩しそうになったり、小さいミニ地蔵も置いてあるんですけど、故意ではなく蹴っ飛ばす人もいるでしょうね。でもそんなことしたら、死にます。

注21　**ニライカナイ**　沖縄地方で遠い海のかなたにあると信じられていた聖なるところ・理想郷の名称。

編集部　え？　故意にやったらですよね？

吉田　故意にやらなくても、死ぬかもしれない（笑）。だから、ミニ地蔵がボンドで固めてあったりするんです。

東日本大震災で崩れてしまった餓鬼堂の賽の河原（福島県）

吉田　怖い系で言うと、福島県いわき市にある餓鬼堂《がきどう》の賽の河原も、雰囲気が怖いですよね。東日本大震災の時に津波で流されてしまったんですけど、震災前は、写真①のような感じで洞窟があったんですね。

小嶋　海食洞窟の中に。

吉田　いわきの市街地から、それほど遠くないんです。できたのも意外と新しい。石材店の社長が、観音様のお告げで作ったという話ですね。

小嶋　並んでるお地蔵さんなども、新しい石像が並んでる感じなんですよね。

吉田　震災で流されちゃったんですけどね。賽の河原系の中ではわりと新しいんですけど、ここもインパクトはあるところですね。

編集部　（写真②を見ながら）崩れちゃってますね……。

吉田　海底の砂が、大量に流れ込んできちゃってる。

写真①

写真②

小嶋　ひな壇もなくなっちゃったんだね。

吉田　洞窟の奥の方が怖かったんですが。ピンク色の服を着た地蔵が、洞窟の奥の明かりの届かないところにいて。だけど、完全に撤去されてしまいましたね。

第2章で、地獄巡り施設はどうしてもアミューズメントになるっていう話をしましたけど、賽の河原系は、どこに行っても気持ちがズンと沈みます。実際に子どもが亡くなっていて、その子どもを亡くした親の気持ちがこもっているという背景が如実にあるので。

編集部　その情念が何とも重いというか。

小嶋　うん。あと、すごく印象的なのは、先ほどのムカサリ絵馬もそうですけど、誰か一人が全体のランドスケープを計画して作ってるわけではなく、奉納する人が一人一人死んだ子どものことを思ったりして、例えばお地蔵さんを奉納したり、絵馬を奉納したりするんだけど、結果として、それが大量に集まった時に、誰も想像してなかった風景ができあがっちゃうんですね。それが、すごく不思議だな。

普通、お寺だったら、このようにしたいという青写真があってお寺を建てるんだけど、今見てきたところってある意味**いろんな人の無意識が積み重なって、最終的にはものすごくインパクトのある光景になっちゃってて、すごく興味深いですね。**

編集部　その過剰さが、脱力に行ったり、恐怖のベクトルに行っちゃったりするんでしょうね。

吉田　善い悪いという意味じゃなくて。ポジティブなパッションは脱力系の珍スポット、「うひょー！　いい感じだぜ」という方に行く。ひるがえって子どもを亡くした時のネガティブな想いも、何らかの形で発露させないといけないんでしょうね。その場合、賽の河原みたいな場所になるということですね。

編集部　賽の河原って海外にはないんですか？

小嶋　確か、賽の河原信仰は日本だけだと思います。

吉田　先日、山梨のイスラム人墓地に行ってきたんですけど、彼らは土葬ですから、明らかに小さく作った子どもの墓におもちゃが供えてありました。それは、心にズーンときましたね。

市松人形がいっぱいある箇所だけ怖い淡嶋神社（和歌山県）

吉田　淡嶋神社（和歌山県和歌山市）も、計画的に造ったものではなくて、個人の想いがどんどん集まって異様な光景になって結果として、誰も予想していなかった空間になった例ですね。

小嶋　人形の寺ですけど、ここも異様な迫力があるんですね。

信楽タヌキ・コーナー

吉田　先ほどの賽の河原よりは、ネガティブな感じではないですね。

小嶋　そう。ここって、人形が並んでいる場所以外は珍スポット要素が強いんですけど、拝殿のこの部分だけは怖いんです。

吉田　市松《いちまつ》人形が並んでる箇所は、特に怖いんですけど（右上の写真）。

小嶋　そう。他は干支の瀬戸物とか、各ジャンルごとに全部、病的なぐらいに細かく分けられているんですよね。

吉田　信楽《しがらき》焼コーナーだったら信楽タヌキばっかり。素材ごとにも分けられていて、リヤドロのような陶器人形コーナーもあったりね。「イッツ・ア・スモールワールド」の和歌山バージョンみたいな。

小嶋　これを分けた人の、情熱的な博物学的精神がすごい。

吉田　そうですよね。ある意味、人形博物館ですからね。

小嶋　これを心霊スポットというのも、あれなんですが（笑）。一番奥に行くと、エロティックな女の人の神様がいて、下着を奉納していたり。

吉田　海辺なので、もともと神功《じんぐう》皇后が、海難救済祈願、船の安全祈願として建立したという由緒があります。あと、淡嶋ってヒルコの次に生まれた、イザナギ・イザナミの子どもにカウントされない、かわいそうな神様ですよね。ヒルコは男性バージョンで、淡嶋は女性バージョン。

また、それとは別に、アマテラスの娘の淡嶋神と同一視されてるような感じだと思うんですけど、ルーツは一緒だと思うんです。淡嶋神は性病、婦人病になって流されちゃうんですね。ヒルコっぽい現象なんですけど、自分は婦人病になって海に流されちゃったから、他の女性には、こんな思いをさせたくないという願いがこもっている神社とも言われてるんです。
　そしてこれが、雛人形の起源、ルーツですよね。京都で人形《ひとがた》に病気を移して、鴨川に流すのと一緒なんです。人形つながりで、人形供養の神社になったという流れだと思います。
小嶋　今でも、三月には人形を船に乗せて、沖に流していますね。形だけですけれど。流し雛《びな》のようなことをやってます。
吉田　女性と人形が結びついている。日本の信仰、宗教の歴史を如実に表している場所でもあるんですよね。心霊スポット扱いされてもいますけど。
小嶋　髪の毛が伸びる人形があるんだよね。
吉田　公開されてはいないんですよ。頼めば見せてくれるらしいんですが。

第４章 二人が選ぶベスト・心霊スポット（海外編）

タイのワットマハーブットは四谷怪談に似た怪談の舞台

吉田　僕、海外旅行に行った時にまで心霊スポットには突撃しないので、外国の心霊スポットはちゃんとは知りません。海外で、深夜に廃墟に侵入するというのは、さすがに無理ですし。ただ怪談的な場所という意味では、タイの「ワットマハーブット」（バンコク）がありますね。日本の四谷怪談みたいな、タイの国民的怪談「メー・ナーク・プラカノン」の舞台となるお寺ですね。

旦那さんが戦争に行ってる間に、奥さんのナークが産褥《さんじょく》死しちゃうんですね。ただ、子どもと共に死んじゃったはずなのに、旦那が戦争から帰ってくると、生きて出迎えるんです。母子ともに、お化けになってるんですね。

それを知らない旦那は一緒に暮らすんだけど、どんどん怖い目に遭っていく……といった話です。最終的には、川沿いの寺でお祓いをするという話なんですけど。この怪談話、タイでは三〇回

ワットマハーブット
（バンコク）

吉田悠軌氏が選ぶ　ベスト・心霊スポット　｜海外｜

- ワットマハーブット（タイ）
- インナ・グランド・バリビーチホテル（インドネシア）
- キリングフィールド（カンボジア）
- フラゴナール博物館（フランス）

近くも映画化されてるんですよね。

小嶋　タイではかなり有名なお話ですね。

吉田　二〇世紀に入ってからできた怪談なんで、意外と最近のものなんですが。ナークというお岩さんみたいな化け物が、さらにアジア的に転じて、守り神みたいになっていて、似顔絵を奉納すれば願い事がかなうとされているんです。

編集部　下手でも、祟らないんですね。

吉田　専門の人に描いてもらって奉納するという、よく分からない文化になってるんですけど。なんというか、四谷怪談っぽいんですよね。女の人の情念だったり、川沿いでいろいろなことが起きたり。

旦那の方が戦争に駆り出されるのも、伊右衛門《いえもん》と赤穂浪士の関係性に近いし、日本の四谷怪談と共通性があると思うんです。ちなみにこのお寺には、ナークの子どものミイラも奉納されてるらしいんですけど、どこにあるか、よく分からないです。

吉田氏も憑依の現場を目撃した インナ・グランド・バリビーチホテル（インドネシア）

吉田　「インナ・グランド・バリビーチホテル」（バリ島サヌール地区）は、昔ながらの古臭い感じのホテルですね。ゴルフ好きの白人のおじいさんたちが泊まるような感じ。オシャレな若い人たちが泊まるようなところじゃない。

このバリで唯一の一〇階建ての国営ホテルに、ある時、霊能者が来て、「海の女神が、ホテルの部屋を休憩所に求めてるから、明け渡せ」って言ったんです。ここでの海の女神とは「ニャイ・ロロ・キドゥル」。バリ島やジャワ島で、恐れられてる女神さまです。

「その海の女神ニャイ・ロロ・キドゥルが、３２７号室とコテージを一つ求めてる。寄こせ」って言うんですけど、渡せるわけないじゃないですか。当然「いやいや、無理だよ」って断ったら、その直後に、大火事に遭って全焼しちゃったんです。一九九三年の話なんですけどね。幸い、死人も怪我人も出なかったんですけど。

その時のオーナーが浜辺から見たところ、例の327号室だけ、部屋の中から風が吹いて、火が燃え移らないで残ったという。それで畏れをなしたという記事が、当時の新聞に載ってます。一九九三年ですから、それほど昔のことではない。

それからは、その327号室と2401コテージを、海の女神のための部屋にした。その部屋だけ、火事後に改装されていないので、壁がすすだらけなんですけどね。

ニャイ・ロロ・キドゥルって緑色が好きなんです。バリやジャワの方では緑色の海パン着て、海に入っちゃいけないって言われてるんです。緑色の水着を着ると、ニャイ・ロロ・キドゥルに気に入られて引きずり込まれちゃうからって。だから、コテージと327号室は、全部、緑色の調度品になっている。

僕も見学したかったので、現地の日本語を話せるガイドさんを雇って行ったんですよ。バリ島民ってみんなスピリチュアル好きなんですけど、そのガイドさんはやけに現実的なんです。「吉田さん、霊なんて信じてるんですか?」なんて言ってきて。「そんなのいませんよ」みたいな。

編集部　バリっぽくないですね。

吉田　そう（笑）。「まったくもう、ププププ（笑）」みたいに笑われながら、車でホテルに向かったんです。

小嶋　身も蓋もない感じ（笑）。

吉田　そしていざ、３２７号室に入りました。現在、部屋を管理されている、女性の霊能者（マンクゥ）のイブオカに頼んで見学させてもらったんです。女神の祭壇（口絵写真）に向かって拝んでいたら、例のガイドがいきなりぶっ倒れて、「ううううう――っ！」って奇声をあげたんですよ。

編集部　新たな怪談が生まれてしまった……。

吉田　そうなんです。トランスしちゃったんですよね。マンクゥ・イブオカが、霊水みたいなのをかけて、正気を取り戻したんですけど。霊に憑かれる現場を目の当たりにしちゃったので、「やべぇ……」と固まってしまいました。

バリ島の人ってトランス体質の人は多いんですよ。やってるお祭りも、全部、トランスするためのお祭りですからね。意識変容が大好きな面はあるので、素地みたいなものはあるんでしょうけど。雰囲気に当てられて、そうなったのかもしれないけど。

クメール・ルージュの大虐殺を偲ぶキリングフィールド（カンボジア）

吉田　カンボジアのクメール・ルージュによる大虐殺を偲ぶ「ワットトメイ」（シェムリアップ）を含むキリングフィールド一帯も、心霊スポット扱いしていいのかわからないですけど……。ぎっしりと頭蓋骨があって犠牲者の写真も並んでるようなところです（次ページ左上の写真）。

アジアに詳しいライターのクーロン黒沢さんに聞いたんですが、知り合いが怪奇体験しているっ

ワットトメイ（シェムリアップ）

て話ですね。まあそもそも、その人もラリってたんですが。

編集部　ラリってって、ドラッグ系ですか？

吉田　ドラッグ系。ラリって大腿骨《だいたいこつ》をスティックに、頭蓋骨をドラム代わりにして叩いて遊んでたらしい。そうしたら同じ日の深夜、この兄ちゃんが市内のクラブで金持ちのローカル青年とささいなことで口論になり、割ったビール瓶で腹を刺され重傷。バンコクの病院まで小型機チャーターする羽目に……。

一命はとりとめたらしいけど、その後も警察に逮捕されたり、会社クビになったり、不幸続きの人生だったそうです。そういう話を、よく聞きますね。

小嶋　イカンね。

吉田　場所の記憶という意味では、アウシュビッツもそうですけど、クメール・ルージュ関連は、大虐殺の記憶が生々しい施設ですからね。死んだ人の骨が、ガラスケースにギチギチに詰まっていたりする。

編集部　カンボジア、いっぱい死んでますものね。

黙示録の騎士

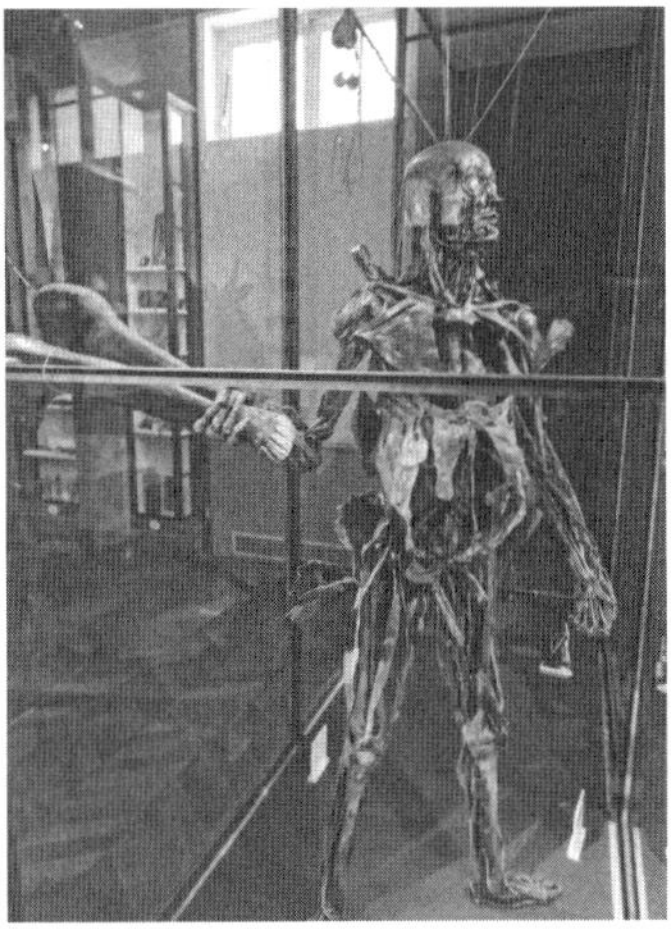
サムソン

人体解剖の標本がずらりと並ぶフラゴナール博物館（フランス）

吉田　これも心霊スポット扱いすると怒られそうなんですけど。パリ郊外の「フラゴナール博物館」……といってもフラゴナール博物館でググッたら、パリ市内の香水博物館が出てきちゃうんですが、そこじゃないんです。

確かにフラゴナールっていうのは、有名なフランスの香水会社なんです。それと同じ一族ではあるんですが、フラゴナール博士という人がいて、死体解剖が大好きだったんです。今でもパリ郊外にある農業大学に勤めていまして。一八世紀のフランス革命前ぐらいに、そこの教授になって近代科学がまさに花開こうとした時に、そこで動物・人間の遺体解剖をやった。遺体解剖の権威みたいな人なんですね。

今でも、謎の技術とされている防腐技術を使って

躍る胎児標本

血管と筋肉を残した人間・動物の剥離《はくり》標本というのを作った。（前ページの写真2点を見せながら）右は、サムソンって呼ばれている人体標本。サムソンって旧約聖書に出てくるやつですね。左は馬にまたがっていて、黙示録の騎士って呼ばれてる。

小嶋　人馬一体ですもんね。

吉田　今でも、解明されてない謎の防腐技術らしいんですけど。ものすごい数の、動物の剥製だったり、剥離標本が並んでいる。死体の人口密度でいえば、クメール・ルージュに匹敵するくらい。

胎児や乳幼児まで解剖していたんですが、最終的には頭がおかしいって言われて、大学を解雇されちゃうんですよ。学閥の政治闘争に敗れたという面もあり、風評を流されてアカデミズムを追われちゃう。政敵だった教授の陰謀とも言われてますけどね。

ただ、フランス革命前ぐらいの頃は、胎児標本にリボンをつけて躍るようなポーズをとらせていたりと、確かにちょっとヤバかったのではとも想像できます。

ただ、ヨーロッパ中の王族が見学に来たり、マリー・アントワネットが来たりと、研究室はすごく評価されていたそうなんですよね。確かに、現代につながる解剖学の一番の権威ではありますし。

編集部　人体解剖の展示って、限りなく見世物に近づいちゃいますものね。

吉田　「人体の不思議展」（注22）だって啓蒙と見世物という、両方の側面がありますからね。あと、ここには奇形動物の剥製もありますね。一つ目の牛、双頭の羊……。

小嶋　バンコクに死体博物館があるんです。シリラート病院という大きい病院の一室に、医学の博物館がある。そこも、いろんな死体がタール浸けされています。

タールを塗ってある遺体と、奇形児のホルマリン浸けのコレクションが並んでるんです。タイの若者なんかが、スナック感覚で、ニコニコ笑いながら見てますけどね。

吉田　そうですね。シリラートの方が、わりとあっけらかんとしてる。

小嶋　フラゴナール博物館の方が、闇の情熱がかなり渦巻いてますね。

注22　**「人体の不思議展」**　人間の死体に樹脂加工をしてスライスしたものや、様々なポーズをとらせた標本などを多数展示する展覧会。日本では１９９６年に初めて開催されたが、主催者の契約問題が生じたり、「死体の提供は同意を得ているのか」などと批判され、２０１１年以降は開かれていない。

吉田　フラゴナール教授は、研究室でずーっと解剖していたらしいですからね。外にも出ずに。
小嶋　マッドサイエンティストだね。
吉田　フランス人でもあまり知らないようなところですけど、ここはお勧めです。郊外といっても、パリから地下鉄一本で行けるんで。

牛豚を生贄としてほふるトラジャ族（インドネシア）の独特な葬式

小嶋　死の世界みたいなものですけど「トラジャ」ですね。インドネシアのトラジャ地方に行ってきたんですけど、トラジャ族という山岳民族がいて、かなり独特な死生観を持って生きている人たちなんです。お葬式がものすごく派手で、牛豚を生贄としてほふるんですね。
もう何百人という人たちが参列して、村のビッグイベントみたいな感じでお祭りをやるんですけれど、そんな中に牛が連れてこられて、専門の人らしいんです。殺す。（写真を見せながら）こうやってやると、首からビャーッと血が出て死んでしまうんですけど、それを、観光客もずっと見てる。
編集部　これは、頻繁にやってるんですか？
小嶋　夏になると、島のどこかでほとんどいつもやってるらしくて、地元の

小嶋独観氏が選ぶ ベスト・心霊スポット ｜海外｜
▶トラジャ族の葬式と墓（インドネシア）
▶冥宅（香港・台湾など）
▶墓石の町（韓国）

バイクタクシーの兄ちゃんに聞くと、「今日は、あそこの村と、あそこの村でやってるから」って言って連れていってもらうという感じです。

私が見に行ったお葬式も、すごい規模で、一族郎党、近所の人たちも、みんな呼ばれて来るらしい。

トラジャ自体が観光地になっているので、お葬式が観光資源になってます。ヨーロッパ系の人が多かったですね。アジア系の観光客は、ほとんどいなかったです。

トラジャのお墓はかなり独特で、土に埋めない。土の中は汚い世界。天に近ければ近いほど清浄な世界という考え方があって、口絵の写真のように岸壁の上の方に穴を掘ってそこに遺体を収めるんです。四角い穴が、全部遺体が入る穴で、その手前に、死んだ人に似せた人形を飾るんですね。

トラジャ族の葬式（インドネシア）

「タウタウ人形」というんですけれど、専門の人形師がいて、写真を見ながら死んだ人に似せて作るそうです。ジャックフルーツの木を削って人形を作る。お墓に行くと人形がいて、顔が怖い感じなんですけど。

ある程度、身分の高い人しか作れないそうです。一種、異様な雰囲気で。下から見ると、手だけ

が見えたりしてね。

普通の人は上の方までは行けないですね。埋葬する時も、わざわざ竹で梯子を組んでみんなでお祭り騒ぎしながら持ち上げていくので、普段は中には近寄れないです。

上の写真のように洞窟を利用したお墓もあってこの辺、全部棺桶なんですね。棺桶が朽ちて、ボロって中身が転がり落ちると、頭蓋骨だけを拾って上に置いておくというようなお墓ですね。墓にせよ葬式にせよ、ものすごくお金がかかるらしい。だから死んでる人のために、ずっと生きているような感じでしたね。

小さな乳児は大きい木の幹に穴を開けてその中に埋葬します。時間が経つと自然に木に呑み込まれていく。

編集部　土の中が穢れてるってもともと何の宗教なんでしょうね？

小嶋　もともと土着の宗教を信仰していたんですけど、トラジャ族の人たちは今はほとんどキリスト教に改宗してるんです。インドネシアなんで、ある時期に、イスラム教かキリスト教かどちらかに改宗しろと迫られた時に、豚をほふって食べなきゃいけないから、あっさりキリスト教に転向したらしい。イスラム教徒になると豚、食べられませんからね。

お墓の手前に亡くなった人の写真が置いてあるんですが、十字架が描いてあってキリスト教なんですね。もちろん、だからといって牛をほふったり、豚をほふったりしていいのかは、別の問題ですけどね。

吉田　動物をほふってお祭り騒ぎするのは、イスラム教でもありますね。イスラムの一番大きなお祭りの犠牲祭――あれは、山羊が多いですけどね。

小嶋　トラジャの人たちの場合は水牛ですね。いかによい水牛をこのお葬式に連れてこられるかに、血道を上げている。

水牛市場に行ったんですよ。そうしたら、白っぽい牛が高いんですって。五〇万円ぐらいするって言ったかな。何年間か働かないといけないから、死んでから何年か後にお葬式をするらしいんです。

豚は扱いが低くて、首を切らず縛ったまんま、ミーミー言ってるのに、バーナーで焼き始めて「いいのか？　これ」みたいな感じでしたけど。

ここの部族自体が、ものすごく不思議な、死ぬために生きてるような、そんな感じの人たちですね。

あの世で先祖に使ってもらうためにミニチュアを燃やす冥宅（中華圏）

小嶋　中国のあちこちで見られるんですが、遺族がいろんなグッズを燃やして、あの世に送って死んだ人に使ってもらおうとする習俗があります。

吉田　（口絵写真を見ながら）わりと、ファンシーですね。

小嶋　そうですね。これは香港なんですけれど、香港は住宅事情が悪くて、こんな立派な家に住める人はいないので、こうしたものを作るんですね。インテリアにお札を突っ込んじゃってあるから、中は見えないけど。

吉田　ドールハウスみたいな感じ。

小嶋　中にリビングセットがあってインド人が門番してたりして、リアルな感じで作ってあるんですね。上の写真なんか、今どきの液晶テレビですね。今だとiPhone、パソコン、携帯でしょうかね。

吉田　作るの、楽しそうですね。

小嶋　そうですね。みんなメーカー名は微妙に変えてある。パネソニックとかね（笑）。芸が細かいんですね。

お寺で燃やして、あの世でご先祖様に使ってもらうためのものなので、生活用品もいっぱい種類があるんですね。麻雀牌《パイ》、歯磨きセット、そんなものも。

編集部　これは何でできてるんですか？

小嶋　全部、紙です。最近は料理シリーズも流行っていて、豚の丸焼きを紙で作ってある。前はプラスティックを使って凝ってたんですけど、シンガポールやマレーシアなんかでは煙が出るからといって、紙にしちゃった。（左の写真を見せながら）この辺も、点心ですね。紙で作った点心。春巻きとかシュウマイ、みたいな（笑）。

鳥の足、意外とよくできてます。お菓子の箱も、全部嘘のお菓子の箱ですね。

吉田　燃やすのもったいないですね。コレクションしてる人、いそうですよね。

小嶋　いつも持って帰ろうと思うんだけど、持って帰ったらよくないって言われて。

吉田　死にまつわるものだから。

小嶋　そうなんですよね。**私たちの知らない**

チャイナクオリティはここに発揮されているんですね。

編集部　故人が好きだったものを、奉納したりするんですか？

小嶋　一番ポピュラーなのはお札ですね。札束なんだけど一〇〇円ぐらいで買えるみたいなので、それを買ってきて燃やすんです。

吉田　もちろん、子ども銀行みたいなオモチャのお金ですね。

小嶋　札束をじゃんじゃん燃やしていくのが、もともとの始まりだった。それが派生して、どんどん大きくなって。一番デカいのになると車とかクルーザーですよ。

ヴィトンの偽物、金庫……その辺が好きなんですよね。でも、車が多いですね。だいたいベンツか、ＢＭＷなんですけど。

日本人の墓石を使った町（釜山）

小嶋　韓国・釜山《プサン》の郊外の山の中に、朝鮮戦争で北から逃げてきた人たちが住みついちゃった町があるんですが、そこは戦時中まで日本人が墓地として使っていたところなんですね。そこを不法占拠して、人々が住んじゃったんです。今でも貧民街なんですが、次ページの写真のような感じの家がまだ残っていて、日本人のお墓をバラして、建物の基礎・壁・階段なんかとして使ってるというところですね。

編集部　これ、子孫が見たらたまんないですよね。
吉田　でも、遺骨はもう持って帰ってるんですよ。墓石だけが捨て置かれてるんですね。
小嶋　戦争が終わって釜山の日本人はお骨だけを持って、位牌もかもしれないけど日本に持って帰っていて、お墓だけは持っていけなかったということなんですね。
吉田　すでに魂抜きしてあるやつですよね。
小嶋　だと思います。たまたま、そこに来た人たちが「ああ、ちょうど四角く切ってある石があるな」と思って使っただけなので、罪はないのかなという気はしますけれど。怒る人もいるかもしれないですけど。
吉田　捨てられた墓だったら、日本でも昔から石材として使ったりしてますからね。
小嶋　心霊スポットではないですね（笑）。
吉田　まあ、階段に使われてたら踏みつけられるから、その墓の元の持ち主からしたら、よい気分はしないでしょうけどね。
編集部　人名が彫ってある側を、わざと見せてるわけでもないんですかね？

小嶋　気にしてないんじゃないですかね。
吉田　「反日」のためにやったということじゃないですよね。
編集部　漢字の意味は分かりますものね。
小嶋　うん。でも、それほど考えてないんだと思います（笑）。
吉田　貧民街だから、やむなくというところもあるでしょうし。変に政治的にとらえて、反日かどうかという話になると、また論点がズレてくると思うんですけどね。単純に、墓で作られた町という意味で珍しいスポットかな、と。
小嶋　死んだ人の記憶みたいなものが、町のベースにあるというのはすごく不思議なところだなぁということですね。
　釜山は山がちで、平らなところはもともとの人が住んでるので、お墓にするぐらい急傾斜地しか、後から来た人は住めなかったということなんだと思うんですけれど。お墓に住みついちゃったので、今はそこはスラムタウン・貧民街にはなってますね。共同トイレの入り口の階段に使われちゃったりしてね。
編集部　なかなか切ないといえば切ないですね。
吉田　ネガティブな感情もポジティブな感情もなく、あるから使おうってことになったんでしょうね。ちゃんと真四角に成型してあるから、使いやすいな〜って。
小嶋　階段にもってこいだってね。それだけのことだと思いますよ。

心霊スポットには死に触れ、人間性を取り戻す機能がある

編集部　では、心霊スポットの総括的なお話を。

吉田　怪現象があるのか、幽霊が出るのかという話はいったん置いといて。「心霊スポットとされる」歴史的背景、社会的背景というものは、掘っていくと、民俗学的だったり、文化人類学的だったり、その当時の歴史や政治がいろいろ絡まってきます。「ここではないどこか」みたいな感覚を覚える場所が、ピンポイントで意味を付与されて、現代でも心霊スポットとして現れるんでしょうね。

編集部　独観さんは、意識して心霊スポット巡りをしているわけではないですものね？

小嶋　してないですね。ただ、ものすごく死を感じる場所、目の前に死が迫ってくるような場所は印象に残ります。死と信仰ってものすごくリンクしてるので。「死というものを人々がどういう風にとらえてきたか」というのは信仰の一番大本の根っこで、「人は死んだらどこに行くか」は大事なお題ですからね。

死は常に、宗教・信仰を考える上では避けて通れないお題ですね。お化けは見たことないですけど（笑）。

吉田　社会が発展していくと、死が日常から遠ざけられて、直接的に触れる機会が身内の葬式ぐら

いしかなくなります。昔は死の世界がもっと身近にあって、毎日接して生きてきたのが、普通の人間の生活だったはずですよね。

逆に言うと、**死に全然触れないと、何らかのフラストレーションだったり、齟齬《そご》、歪みが起きるんです。**心霊スポットに行くというのも、死に触れる一つの方法でもありますね。僕自身も、フラゴナール博物館みたいなところに行って、死そのものに触れたいという気持ちも起きてくるわけなんです。

その意味で、**心霊スポットは、死に生々しく触れられる機能、いい意味で人間性を取り戻す機能としてある**と思うんです。

小嶋　死は絶対、みんな見たがってますからね。

吉田　人間の究極の興味は死、ですからね。

編集部　最近、「ただ人を殺してみたかった」なんていう動機の事件も多いので、心霊スポットに行って死を少し身近に感じることで、何かの知恵をもらえるといいですよね。

吉田　ガス抜きになったり、歪みの矯正にはなるかなと……広い意味ではそういう効果もあると思いますよ。

小嶋　西洋だろうが東洋だろうが、何らかの死にまつわる施設があるということは、死に対する人類共通の欲望・欲求みたいなものがどこかにあるんでしょうね。

第5章 二人が選ぶベスト・パワースポット（日本編）

いくつもの鎌が突き刺さった鎌八幡のご神木（和歌山県）

小嶋　私の場合は主に変わったお願い事だったり、普通の信仰の裏に隠れている裏信仰みたいなものを紹介していきたいんですけど。まず最初は、和歌山県にある「鎌八幡《かまはちまん》」（伊都郡）というところです。丹生《にゅう》酒殿《さかどの》神社という神社があって、そこの裏にある樫の木なんですけれど、それがご神木になっている。そこに鎌を打ち込んで、願い事を成就させるという場所なんですね。

鎌八幡（和歌山県）

　鎌八幡というと、大阪にもありますよね。その大阪の鎌八幡（大阪市天王寺区）は、戦勝祈願だったり、悪縁切りみたいなことのために、鎌を打つわけですが。

吉田　大阪の方はおぞましい雰囲気ですね。

小嶋　和歌山の鎌八幡は大阪と意味合いが違っていて、鎌を刺すことで、五穀豊穣などを願うということらしいんですね。
吉田　大阪の方はネガティブだけど、こっちの方がポジティブ。
小嶋　どちらかっていうと、ポジティブ。鎌を打って、それが木に呑み込まれれば願いが叶うというような言い伝えがあります。
編集部　大阪の方は呪詛《じゅそ》のため？
吉田　悪縁切りがメインになっていますね。絵馬に怖～いお願いが書いてあったりします。
小嶋　和歌山の鎌八幡ですが、昔々、農民が鎌を木に打ちつけて休んでいたら、その鎌が抜けなくなってしまった。その話を聞きつけた高野山の僧侶が、きっと霊験のあるものに違いない、としたわけです。そこから紆余曲折を経て五穀豊穣祈願になったとか……よく分かんないですね。
吉田　現代人は農業やってない人が多数ですけど、五穀豊穣の代わりにどういうことを願ったりするんですか？
小嶋　病気平癒と健康祈願ですかね。漠然とした祈願なんですけれど、今でも新しい鎌がどんどん後から後から刺さっている。あとは、私が行った時はなかったんですけど、最近、『怪処』スタッフの小出さんがここに行かれていて、あんまり変な願い事を書くなと言われたんだとか。ここはあくまでも、ごくごく健全な願い事をする場所だよと、暗に

小嶋独観氏が選ぶ　ベスト・パワースポット |日本|

- 鎌八幡（和歌山県）
- 羽黒山・出羽三山神社裏の卒塔婆（山形県）
- ピースポールの聖地（静岡県）
- 伏見稲荷大社・お山巡り（京都府）
- 磐舟神社（大阪府）

アピールしてるんだと思うんですけれど。

編集部　ここに鎌が刺さってるというだけで、見た目は普通の神社なんですね。

小嶋　丹生酒殿神社の裏に、この鎌八幡という木と鳥居だけがあって、社《やしろ》も何も建ってないんです。うっそうとした中に、鎌が刺さった木だけが不思議な感じで立っているんですね。

吉田　華岡青洲《はなおかせいしゅう》も、乳ガンの手術の際に、石灯籠を寄進したといいますね。病気平癒の祈願ということでしょうね。

小嶋　写真のように、どんどん鎌が呑み込まれていくんですけど、このようになれば願いが叶うと。何年かかるのか分からないですけど。

編集部　鎌がほとんど一部しか残ってないものもあるんですか？

小嶋　かなり入っているものもあります。ただ、この鎌八幡ってもともと別の場所にあって、明治四二年に今の場所に移転してきたらしいんですね。ですから、一番古いものでも、明治四二年以降に奉納されたものなんでしょうね。

吉田　丑の刻参り（注23）も、正式な呪い方では釘が全部木にめり込むようにしなくてはいけないので。呪術的な意味合いとしては、昔ながらの正しいやり方なんじゃないですかね。

注23　丑の刻参り　丑の時（今の午前2時頃）に神社や寺に参り、境内の樹木に憎いと思う相手になぞらえた藁人形を釘で打ちつけ、相手の死を祈って呪うこと。白衣を着て、頭に鉄輪（かなわ）をかぶり、胸に鏡を下げるなどして行う。丑の時参りとも。

小嶋　鎌を打ち込むって参詣のアクションとしてはかなりアクティブで、見た目もものものしいですね。鎌自体を奉納するという習俗は日本中にいっぱいあるんですけど、このように打ち込むところは、大阪とここ。他にもあるのかな。いずれにせよ、珍しいと思いますね。

羽黒山（山形県）の出羽三山神社裏に並ぶ不思議な卒塔婆たち

小嶋　羽黒山《はぐろさん》（山形県鶴岡市）に、出羽三山を合祀《ごうし》してある神社がありまして、その神社の裏手に大量の卒塔婆《そとば》がズラッと並んでる場所があります。出羽信仰から派生した民間信仰で、出羽三山は山岳信仰の山であると同時に、地元の人にしてみれば、死んだ人の魂が登っていく山でもあるんですね。山形県の日本海側は、「ハヤマ信仰」っていうんですけれど、死んだ人が山に帰っていくという考え方が強い地域ですね。
　そういった一環で、このように出羽三山神社の裏に卒塔婆を奉納して、死者の霊を慰めるんです。周辺にはお地蔵さんが並んでいて、シャツを着せたり、いろんなものを供えたりして死者供養をしています。

出羽三山神社裏の卒塔婆群

吉田　東北っぽい感じの民間信仰ですね。

小嶋　その中でも、何本か、すごく不思議な卒塔婆がありまして、普通は故人の名前を書くのですが、一部、ヘンな文言が書かれた卒塔婆がありまして……ホラ、ココ！「藁の衣を着てボロ着た坊主ホウインコムソウ……」

吉田　（上の写真を見ながら）……ホテイフクスケ？

小嶋　……ホテイフクスケカンノンを利用した張本人一同の命之霊位ね（笑）。全国津々浦々から連れてこられて、飲まず食わずで働かされた、家族・親子一同の命之霊位ということですね。恨み言だったりしてね。

吉田　「このように悪事をしてきたよ」みたいな。

小嶋　このように悪事をしてきたのか、霊が憑いているのか、前世の因業《いんごう》なのか、そういうのが、すごくいっぱいあって。例えばこれも罪なんだと思うんですけれど、誰々を殺した、誰々を苦しめたというのじゃなくて、変化球的な罪で、「生木《なまき》に火を点けた前世の命之霊位」とかもあるんですね。

それが何を意味するんだろうって。因業の可能性もあるしね。

吉田　まったく素直に、そのままの意味で書いてるのかもしれないし。

小嶋　分からないんですよ。出羽三山神社の脇に、霊祭殿《れいさいでん》っていってお寺があるんですよ。そこが管理してるんですけれど、そこの方に聞いても、「いや、なんだか、うちでも全然分からないよ。ああいうの、持ってきて奉納する人がいるんですよ」なんて言っていて。

おそらくなんですけれど、この辺の拝み屋のおばあさんが霊視かなんかをして、「お前の前世の因業はこうだ」「お前に悪いことが起こってるのは、このような霊が取り憑いているんだ」みたいなことを告げて「羽黒山に行って、このように書いた卒塔婆をあげてくれれば救われるぞ」みたいなことを言ってるのではないかなと。漠然とした想像なんですけれど。

吉田　その辺りは東北の民間霊能者、「カミサマ」や「ゴミソ」の発想ですよね。

小嶋　この辺も、民間の霊能者が多いですからね。

吉田　ゴミソのような民間霊能者は、地域によっていくつも呼び名があるので、山形の方だと、独特な呼び方もあるのかもしれない。

小嶋　そうですね。オナカマだったかな。

吉田　とにかく東北の方は、プチ新興宗教団体みたいなのが多いですから。新興宗教団体というにしても、規模が小さすぎるんです。霊能者の人がいて、それを信仰している数人〜何十人の信者がいていう。

編集部　イタコさんみたいな人がいてということ？

吉田　イタコさんとはまた違うんです。イタコは、民間霊能者の中でもかなり特殊な方なので。師弟制度があったり、システムができていたりという。

小嶋　そう。東北のその方々は組織立ってない。どちらかっていうと、神が見えちゃったり、お告げが聞こえちゃったり、霊視ができたりという人がいて。

吉田　突然、神がかりになったりする場合がある。だから民間霊能者とその信者とは、**インディーズバンドとそのファンの関係性**みたいなものですね。

小嶋　規模としては、それにかなり近い（笑）。

編集部　では、宗教法人になってないんですかね？

小嶋　なってるところもあるし、なってないところもあるんですね。

吉田　宗教法人になるのが簡単だった時期は、宗教法人の資格を取ってる団体もあったと思います。今はなかなか難しいでしょう？

小嶋　宮城県に、東北の広い地域の拝み屋さん（だいたい女の人が多い）をある程度ゆるやかに束ねてる団体はあるんですね。

吉田　組合みたいなもの？

小嶋　各個人は独立して活動してるんだけど、拝み屋としてやってよしという許認可みたいなものですね。ある程度の格付けみたいなものをするのが、その教団だというのは聞いたことがありますけど。

吉田 性格としては組合に近いということですね。絶対的な教義があってそれに帰依しろということじゃなくて。

小嶋 さっきズラッと並んでた卒塔婆も99％以上は、自分の身内の人が亡くなって、普通の人が供養のために奉納してるんですけど。

吉田 書かれてるのは戒名なんですか？

小嶋 戒名も少なくて、俗名が多かったですね。

で、なぜかその一画にだけ先ほどのヘンな文言が書かれた卒塔婆が固まって立っているんですけど。（写真を見せながら）この「黒髪の化身と化し頭の先から足先まで巻き付いている命一同」みたいな。

吉田 独特な感性の言葉選びですね……。

小嶋　そうですね。インディーズの宗教人たちの裏信仰だと思うんです。それが、その地域のビッグネームの神社やお寺に寄り添う形で生息してる場合が多いのは、すごく興味深いんです。

吉田　普段は個々の霊能者の家や道場でやってますからね。それらの小組織の、地域としての集合を束ねるための、大きなお寺という存在があるんでしょうね。

編集部　神社とお寺の側も、何となく認めてるんですね。

小嶋　微妙なところだと思いますけどね。例えばここの場合は「いや、持ってくるからしょうがない」という黙認に近い状態。卒塔婆をあげてる人たちは、出羽三山神社の承認は得ていないにしても、ある程度、権威を取り込みながら、自分たちの権威づけに利用しているという側面はあると思いますね。

吉田　羽黒の神様を擁《よう》している設定だったりしますしね。関西でもそうかもしれないですけど、お寺と各団体で組織的な関係性があるのはよくあるパターンなんですね。でも結局は、人間関係だけの話なんで、代替わりしちゃうと、「前の住職、先代の神主さんは○○の組織と付き合っていたけど、もういいや」となって関係が切れちゃうというパターンがあります。

例えばお寺・神社の息子さんも、学生時代や社会人時代に東京にずっといたら、地元での人間関係なんて分かりませんよね。それで切れるという場合が多いような気もします。僕も、きちんと統計を取るなどしてちゃんと調べたことはないので、大きなことは言えないんですけど。

小嶋　お寺さんの側でも、民間信仰の扱いは代替わりをするとまったく変わってしまったりしますよね。
第3章で紹介したムカサリ絵馬も、お寺さんに飾ってはあるんだけど、そこの住職が代替わりして、若い住職さんで、「東京の大学で仏教を勉強して、山形に戻ってきました」みたいな人だと、「いや、こんなの仏教の教義では絶対あり得ないんだよ」なんて言い出したりしてね。
吉田　そりゃ、そうなんですけども（笑）。
小嶋　「本当はね、こんなの飾るのは、仏教に照らし合わせたら、正しくないんですよ！」なんて言ったりしてね。なんといってもお若いからね（笑）。
吉田　このような民間信仰は、宗教的な側面を抜きにして考えても、地縁の人間関係をスムーズに維持させるための機能であったりもするんです。今、地縁が薄くなっている世の中ですからね。郊外・田舎の方の地縁が、どんどん薄くなってしまっているという影響が、このような信仰の廃《すた》れにつながってると思います。
独観さんが取材できたところが、数年後に僕が行っても取材できなかったりしますから。その跡形しか残ってない、みたいな。建物が残っていても、信仰している人がいないとすれば、それはもう宗教運動としては死んでいますからね。

カミサマしか住まない村、赤倉霊場（青森県）

吉田　赤倉霊場（青森県弘前市）は、インディーズの霊能者の小さな団体が寄り集まって造ったものです。津軽の霊山・岩木山の裏側みたいなところですね。

岩木神社がある側じゃなくて、北側の尾根の方に、赤倉神社があります。それを中心として、それほど昔じゃないんですけれど、いろんな団体が集まって、霊的信仰の聖地を作っていったところなんですね。

工藤むらさんという人が、中興の祖みたいな感じで、新しく盛り立てていきました。いろんな小さなインディーズの団体が集まってきて、小屋のような道場を建てたので、それがズラッと並んでいる。「カミサマ村」みたいな場所です。

赤倉霊場（青森県）

小嶋　ここの特殊なところは、国定公園の中なんで一般の住居が認められていなくて、カミサマ・オガミサマが、信者たちと修行する施設や建物だけしか建設が認められないんですね。ですので、集落みたいになってるんですけど、もう１００％純粋に、カミサマしか住んでない村というところ。

編集部　カミサマしか住んでない？

吉田悠軌氏が選ぶ
ベスト・パワースポット ｜日本｜

- ▶赤倉霊場（青森県）
- ▶石神神社（青森県）
- ▶ハッピーポールと玉皇山弥勒寺（兵庫県）
- ▶熊野本宮大社・大斎原・つぼ湯（和歌山県）

小嶋　住んでません。
吉田　修行しに来たりはしますけど。
編集部　神社の社があるわけじゃないんですか？
吉田　社みたいなものはある。道場だったり、カミサマ・霊能者の人が寝泊まりする場だったりする。本宅は、また別にあるんでしょうけど、ずっと寄り添って建物がいっぱい建っているという。独観さんが行った時、まだ、カミサマ、住んでました？
小嶋　いましたよ。
吉田　一〇年ぐらい前ですかね？
小嶋　そうですね……二〇〇四年に行ってますね。
編集部　何人も霊能者がいて、霊能者と信者さんがそこに住んでるんですね？
吉田　信者さんは、それほど住んでないでしょうけど。
編集部　ああ、カミサマが住んでるんだ。
小嶋　そうですね。カミサマが住んでいて、信者がそこに訪ねてくる感じ。冬場は山を下りて、自宅にいたりする。陽気のいい時に、ここに籠もって自分たちで修行したり、川で水垢離《ごり》したりしてるみたいですけど。
吉田　山岳信仰という共通点があるので、教義はみんなそれほど変わらないと思いますよ。信心していたカミサマが違かったりして、いろいろ分かれているんでしょうけど。みんなインディーズですね。

編集部　国定公園内だけど、国から認められてるんですか？

小嶋　ある一時期だけ特例が認められたので、その時期にしかできてないんですね。昭和三〇年代〜五〇年代ぐらいまでかな。今は新規に造れないらしいですからね。近年、高齢化が進んで、廃墟のようになってる建物もいくつかありますね。

吉田　僕も二回は行ってますけど、管理してる掃除のおじさんみたいな人が、たまに建物から出てきたりするぐらいで。明らかに誰も住んでいる様子はないので、今、**カミサマの廃村**という感じになってるんじゃないですか。

小嶋　私も三年ぐらい前に行ったけど、その時はもうほとんど誰もいなかったかな。

吉田　たまに管理する人が来る程度だと思います。常駐されている人はいないと思いますね。

　ここでおもしろいのは、民間霊能者という市井《しせい》の人が信仰の対象となっているところ。さっき言った、工藤むらさんという、ここをカミサマ村にした功労者の像だったり、大型台風が来た時に修行していて、川に流されて亡くなった女性霊能者の像があったりもするんですよね。

　山の神や不動明王や、いろんなカミサマに混ざってつい数十年前に生きていたおばさんの像が立ったりしてるんです。普通に、モンペを穿いている石像が（前ページの写真）。

小嶋　個人の神様が勝手に閃《ひらめ》くので、祭ってある神様や教義が全部違っていて、龍神様が降りてきたっていえば龍神様を信仰し、弘法大師が降りてきたっていえば弘法大師を信仰する感じなので、私が見せてもらった、小屋の中の祭壇みたいなものも、めちゃめちゃでしたね。

不動明王がいて、龍神がいて、なんか分からない神様がいてみたいな、仏教も神道も混じっていて。

吉田　アマテラスがいたり。

小嶋　鏡が置いてあったりして、めちゃめちゃなんですよ。その拝み屋さんの頭の中では整合性があるんでしょうけど。でも、かなり思いつきだと思う。

吉田　傍から見たらカオス・ワールドみたいになってる場合が多いでしょうけどね。イタコの口寄せも、何十もの神様・仏様に、協力してもらったりします。一人一人の霊能者の頭の中では、数多《あまた》の神様・仏様がそれぞれちゃんとマッピングされてるんでしょうね。

その中でも自分にとってのメインの神様がいるのかと。それがキツネである場合も、蛇である場合も、位の高い神様である場合もあるんですけど。小さな宗教団体が寄り集まっている赤倉霊場は、大きい神社やお寺と違って、その雰囲気、空気というものがストレートに伝わってくる場所です。

今は誰も人が立ち寄らないので廃村みたいになってますけど、もともと、山の修行場ですから、空気や水はよいわけですよね。そもそも人の手が加わってない場所ですし、今はもう人が来ないですから。

アクセスはそれほど悪くないです。駐車場も手前にあって、近くまで車で行けますし、あとは徒歩ですけど。奥の方は、だいぶ藪の中じゃないと行けない場所があったりもします。この前訪れた際は、奥にある修行場の滝には、ついに辿り着けなかったですが……。

小嶋　一番奥ですね。修行するところね。

吉田　今でも年に一回、滝行をやられてるみたいですけど。そこは、さんざん藪をかき分けて進んだけど、見つからなかったですね。

編集部　そこの信者さんしか行かなくて、一般の人が行ったりしない場所なんですね？

吉田　僕たちみたいな物好きは行きますけど。

小嶋　信者さんというよりも、ここに籠もってるカミサマ自体が、それぞれにホームグラウンド――津軽全域なんですけど――に住んでいて、その近所の方が見てもらおうと思って行くんですね。冬の間は近所のカミサマの自宅兼道場に行くんだけど、そのカミサマが山に籠もると、その人を頼って車でそこまで行くような感じ。信者というより、占ってもらったり、見てもらいたい人が多い。

家族の中で男性だけが続けて死ぬ場合、拝み屋さんに見てもらうことが多いそうです。

吉田　さっきの羽黒の卒塔婆みたいに「頭から足の先まで、髪の毛が巻き付かれてる」というビジョンが浮かぶと、「あんたの先祖が、生木を燃やしたからだ」とアドバイスされたり。

小嶋　そういうことですね（笑）。

吉田　それで、言われた方も安心するという機能がありますからね。

小嶋　赤倉も、岩木山の裏と表という関係ですね。その岩木山神社がオフィシャルな津軽の霊場で、津軽の人たちの信仰を司ってるわけですが、同じ山の裏側に、まさにインディーズの信仰の場所がある。

吉田　伏見稲荷や富士山にも、同じような関係性がありますよね。

小嶋　**大きい山や霊山の裏には、メジャーに寄り添ったマイナー信仰がある。**

吉田　赤倉霊場みたいに、ピュアな形で残っているところはなかなかないですね。パワースポット的なものを感じたいんだったら、最適な場所じゃないですかね。「ああ、霊地だな」「みんなの聖地なんだな」というのが、パッと空気感で分かりますからね。

小嶋　たまたま続けて東北の話になってるんですけど、東北って多いじゃないですか。「なんでだろな？」って考えてたんですけど、東北ってどうも、仏教が完全に伝わってないような気がするんですね。畿内・関西とは違う、仏教ではあるんだけど、**微妙にズレた、間違った伝言ゲームで伝わったような仏教が、実は東北の仏教の本質なんじゃないかな**という風には、いつも強く感じますね。

修験道もだいぶミックスされてますけど……。祖霊崇拝や祖霊信仰が強い、何て言うのかなぁ？

吉田　土着の民間信仰が、色濃く残っているのも一因です。それが、修験道とも、仏教とも、神道ともハイブリッドしていった結果ですね。近畿や九州は、古代からガシッと権威ある宗教のメジャーどころが勢力を持っていたので、教科書通りの、いい意味でも悪い意味でも正統なものが残ってるんですけど。東北の方まで行くと、正統からズレていくんですね。

小嶋　こういうことを言うと東北の方に怒られそうですが、東北地方、特に北東北の宗教観ってかなり独特だと思うんです。これは私見ですが、仏教や神道が伝播《でんぱ》した時期が遅かったというのが一つの理由だとは思うのですが、それを差し引いても東北地方の宗教観の中には祖霊崇拝や死者供養といった死にまつわる宗教的な習俗が非常に大きなウェイトを占めているんですね。

つまり死生観が違うような気がするんです。過酷な自然条件の中で生きてきて、死が常に近くにあったというのが最大の理由だと思うのですが。今でも、龍神様がいて、天照大神がいて、弘法大師がいて、不動明王がいてと、全部同じに並べられる宗教のセンスは、東北なんだなぁと思いますね。

吉田　時代によって多少はマイナーチェンジはしていったでしょうけど、だいぶ原形に近いものが残されていたんです。高度経済成長期から現在まで、交通網や情報網の発達といったグローバリゼーションによって徐々に壊されつつありますが。それでも未だに、昔の史跡は完全に近い形で見ることはできますね。ただ、これからどんどんハイスピードで変わっていってしまうので、今のうちに見ておかないと……。

小嶋　ものすごい勢いで、減ってますからね。

吉田　ここ一〇年、二〇年ですかね？　高度経済成長期にはまだギリギリ残されていたのに、よく分からないですよね……。だってここ一〇～二〇年ってむしろ景気が悪いじゃないですか。

小嶋　どうなんだろうね？　都会ではバブルの頃にいろんなものが一気になくなって、徐々に地方に伝播していったよね。

吉田　あとは、ハコモノ行政のせいか。ふるさと創生事業とか。

小嶋　めちゃめちゃ変なものができてますからね。

吉田　でも逆に、昔のあり方が変わっていくきっかけになったかもしれないですね。「せっかくお金もらったから、作り替えてみよう！」みたいな。その結果、新しくいい感じの「珍なもの」が生まれるメリットもあるんですけど（笑）。

　昔の信仰を生の形で見たい人にとっては、文化破壊の「悪」ですね。ここ最近の、役所の変なオジサンたちが頑張って作った珍なものを見たい人にとっては、文化創造の「善」なんでしょうけど。

小嶋　難しいところです。

ドクロみたいな巨大奇岩がある石神神社（青森県）

吉田　同じ青森では、「石神神社」（青森市）があります。ここも今は、カミサマの修行場ですね。

石神神社（青森県）の入内の石神様

赤倉霊場ほど寂れていませんが、一般人にはあまり知られていないです。

距離だけでいえば、青森空港から近いんですよ。しかし舗装されてない山道を行かなければいけないので、読者も、冬には行かないようにしてください。

お勧めは、写真の「入内《にゅうない》の石神様」ですね。神社の本殿の裏手に、「風の谷のナウシカ」の巨神兵みたいな、ドクロみたいな巨大な奇岩があるんです。顔みたいなフォルムの石に、眼のような二つの窪みがある。その窪みの中に、丸い石が一つずつ、つながっているのか独立してあるのか、よく分からないんですけど、入っています。

この目玉、加工しているにしては、大がかりすぎますよね。ずっと昔の青森の山中で、そこまでする人はいなかったでしょうし。イザナギが右目を洗ったらツクヨミ、左目を洗ったらアマテラスが生まれたという神話と一緒で、右の岩がツクヨミ、左がアマテラスと呼ばれています。眼病平癒の祈願として、この目の窪みのところに溜まった水を、霊薬みたいな感じで使ってたらしいですね。
これも民間信仰なので、廃仏毀釈の時に、淫祠《いんし》邪教（注24）だからやめろって言って一回、潰されたんですよね。だけど、その三〇年後ぐらいに地域の人が頑張って「神社ということでいいので、復活させてください」という風にして復活させた。

小嶋　ああなるほど。じゃ神社は後付けなんですね？

吉田　後付けです。あと、現在でも続く修行場でもありますね。この近くにもよい滝がある。大変立派な滝で、観光スポットとしても十分いけるじゃんと思うぐらいのもの。巨大な一枚岩の表面を、幾筋もの水が流れている……だいぶいい感じですね。

滝壺の横には祭壇や、国常立尊《くにとこたちのみこと》の碑があります。今でも滝行をやってる人はけっこういます。あと、滝から少しそれたところに「淡島大神《あわしまたいじん》」という火山性の巨岩があって、それもだいぶいい感じですね。

編集部　淡島大神は、この石神神社の境内にあるんですか？

吉田　境内にあるんです。石神神社のある山全体が聖地みたいになっているので、一帯をハイキングみたいな感じで歩いていくと、小さな祠《ほこら》やら石仏やらいろんなものが点在しているという感じですね。一般人があまり行かない場所だから、空気もきれいに感じる。——スピリチュアルなことを言って申し訳ないですけど——大勢の人が行くようになったら、澱《よど》んでしまうような気がします。

ほとんど修行者や信仰者しか人が出入りしないということは重要だと思います。そういうところ

淡島大神

は、非科学的かもしれないけど、空気が違うとしか言いようがないですね。本来なら、日本中にある山だって普通の人は行けない場所だったんですからね。出羽三山にしても、修行する人しか行けないような場所だったわけで。

　淡島大神のところに、ポールが立ってるんですよ。「ピリカカムイモシリ」というアイヌ語の、よく分からない言葉が書いてあるんですけど。これは、ピースポールの珍しいバージョン。ピースポールは「世界人類が平和でありますように」と書いてある柱ですね。

小嶋　でも、このタイプは初めて見ますね。いつも、あの文言ですからね。アイヌ語で、「世界人類が平和でありますように」と書いてあるんですかね。

吉田　この淡島様とドクロの石神様は、見るとビビります。この神社近辺はよいものが揃っている。絶対、観光地としても成功するようなコンテンツが揃ってるんですけど、まったく観光地にす

注24　淫祠邪教　「淫祠」は邪（よこしま）な神を祀る祠で、「邪教」は邪な教えのこと。しばしば国家権力や支配者によって、反体制的な傾向を持つとみなされた宗教や民間信仰がこう呼ばれた。

る気はないので、道が舗装されてないんですよ。林道をだいぶ行かなきゃいけないんですね。その意味で、まだ知られていない、隠れ家的なスポットとして、あんまり本にも載せたくないぐらいです（笑）。この本の読者だけに、コッソリ教えちゃいます。

ピースポールは戦後左翼思想的な流れを汲んでいる？

小嶋　富士山の山麓なんですが、オウム真理教の上九一色村《かみくいしき》のサティアンがあったところからそれほど遠くない場所にある、ピースポールの聖地ですね。ピースポールってもともと、公には宗教を超えた運動ということになってるんですけど、活動母体は、ここに本部がある白光真宏会《びゃっこうしんこうかい》ですね。そこの本部の一画に、写真のようにピースポールがズラッと並んでいるんですね。

ピースポールの聖地

　この運動のすごくユニークなところは、具体的に何かをするのではなく、単に国名をズラッと挙げて「平和でありますように」と祈っているだけなところですね。

吉田　スピリチュアリティな感じですね。我々の想像する日本の新興宗教とはちょっとズレてますよね。オウムや天理教の系統ともズレてる。

小嶋　例えば一九七〇年の大阪万博に通じるような、何とも微妙に、中途半端なレトロ感を感じますね。

吉田　教祖の五井昌久は、生長の家の影響を受けてるんですよね。

小嶋　世界の国々に目を配ることで、自分たちの信仰や活動の正当性を立証しようとしてる印象がありますね。上の写真の下の部分は見にくいんですけど、世界地図なんですね。サッカーコートぐらいの大きさの、下から見たら全然分からないんですけど、グーグルアースで見るとちゃんと世界地図になってる。そこに、このポールが全部立ててある。

要は、このピースポールの運動を世界の隅々にまで広げるぞという意思表明だと思うんですけど、自分の足元よりも、世界全体を平たく見るという世界観がユニークですね。富士山という日本人の琴線に触れるような場所で世界全体を見晴らすという、視野が広いのか狭いのか微妙なところが（笑）、すごく好きですね。

吉田　思想的な背景で言うと、本人たちが意識してるかしてないかはともかく、戦後左翼思想的な流れですね。現代の目で見ると、「楽観的な戦後左翼思想だなぁ」ってなるけど、その当時はこうした感覚が普通だったんでしょうね。一九八〇年代以降になると、多くの新興宗教はナショナリスティックになっていきます。戦前でもないし、八〇年代以降でもない、時代の空気を感じさせられ

ますね。

小嶋　一九七〇年代の万博の頃の時代の写し鏡であるところが、ここの特徴なのかなという気はしますね。

吉田　右翼・左翼を大ざっぱに分けると、ドメスティックな自分たちの共同体を尊重するのが右翼で、地球全部・ワンワールドを重視するのが左翼。ゴリゴリの共産主義までいっちゃうと、宗教的なものは否定する形になりますけど、かといって左翼だから宗教がないわけでもない。左の中でもいろんなレンジがあって、いろんな派閥があるし、右の中にもいろんなレンジがあって強弱があります。

　日本の戦後左翼思想の中でも、宗教的なものに行く人たちはたくさんいたわけで。白光真宏会の思想は、そうした背景もあったんでしょうね。マルクスが否定してるからといって、原理主義的に「宗教は絶対否定！」という風には日本人は行きにくい。現代のスピリチュアリティ運動の多くは左翼思想と親和性が高いですが、そういう意味でも左翼のための信仰文化は続いていますね。

編集部　このように、塔を世界のあちこちに立てれば、世界平和が実現すると素朴に信じてるんでしょうかね。

小嶋　ここの教団自体が、何をやってるのかよく分からないですね。とにかくピースポール運動だけが目に見える形で突出してますね。あとは、例えば貧困地域の援助といったことはもちろんやってはいるんですが、宗教的なアクションは何なんだろうって思うけどあんまり表に出てこないですね。

吉田　熱心に勧誘してる、っていう話も聞かないですね。

小嶋　ここは、お土産もいっぱい売ってますよ。世界が平和になりますようにボールペンとか（笑）。ステッカーとか、いっぱい売ってますよ。

吉田　ピースポールって神社・お寺のどこにでもあるじゃないですか。あれは非宗教的なものですということで打ち出してるんでしょうね。だってそうしないと、神社もお寺も許可しないでしょうからね。

ハッピーポールの謎を小嶋氏が解く

吉田　ハッピーポールってご存じですか？　ピースポールのマイナー版だと思うんですけど、ハッピーポールっていうのが、スピリチュアルスポットや心霊スポットに行くと、たまにあるんですよ。ものすごくぞんざいな造りのものなんですけど。モーゼの墓にもあるんですよね。

小嶋　兵庫県の三田《さんだ》市の弥勒寺《みろくでら》で、もらってきたわ、ハッピーポール。うちにあるわそれ（笑）。

吉田　これはオカルト的な場所にありますね。モーゼの墓のあるモーゼパークだったり、皆神山だったり、雄別《ゆうべつ》炭鉱跡（北海道釧路市）、笠置山《かさぎやま》のペトログラフ（岐阜県恵那市〜中津川市）……。近代以降のオカルト的霊地によくある気がします。

編集部　誰が作ってるかは分からない？

吉田　謎なんですよ。誰も知らないんです。今、独観さんに聞いたから、分かってきたんですけど。

小嶋　それ、うちに置いてありますよ。もらってきたのは兵庫県の三田市にある玉皇山《ぎょっこうざん》弥勒寺という、台湾の道教系の新興宗教だったかな。

吉田　弥勒と布袋様を同一視してる系のやつでしたっけ？

小嶋　中国では、弥勒と布袋は同じものですから。まさに布袋さんみたいな大仏が境内のあちこちに立ってるんですが。

吉田　そういった道教系組織って一大派閥としてありますよね。中国を追われた新宗教の「一貫《いっかん》道《どう》」が、台湾を中心に様々な分派を生みながら展開したもの。日本では大阪や神戸など、華僑の多い地域から、どんどん発展していった宗教らしいです。

弥勒大仏

　現在の有名どころだと、名古屋が拠点の「道徳会館」、埼玉・秩父の「先天大道」など、あちこちにあります。道徳会館の施設は東京・新大久保にも建てられてますね。

小嶋　三田市の弥勒寺ですが、境内に写真のような弥勒の大仏がいっぱい。

吉田　日本人からすると、「なんで布袋様が？」となるん

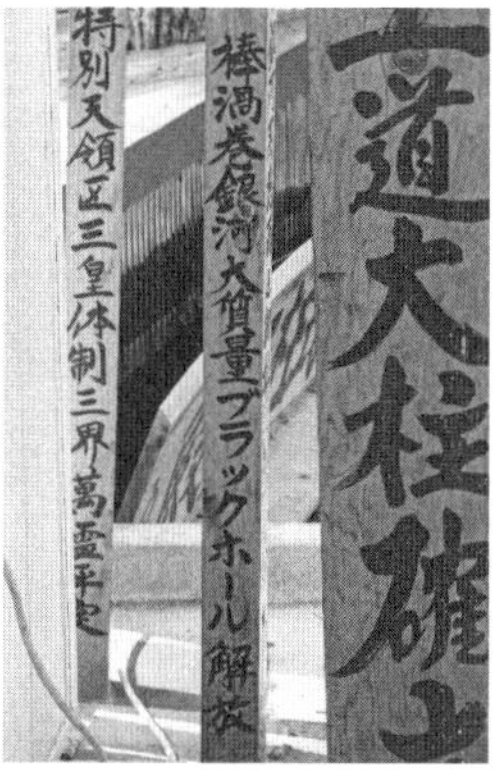

ですよね。向こうの考え方では、弥勒が現世にアバターとして出現したのが、布袋だっていうことなので。

小嶋　ここ幸福まつりというのをやっていて、変な塔婆みたいなのを立ててるんですけど……。

吉田　「霊障解消供養塔」。根性注入棒みたいな……（上の写真）。

小嶋　そうですね。角塔婆を上げてるんですが。ここも世界中の戦没者の供養をやってたりするんですが、よく分からない感じになってるんですよ。

吉田　「棒渦巻銀河大質量ブラックホール解放」って書いてある。なんだ、これ？

小嶋　わけが分からない。「一四四大元地球延命一四五大元創造」とかね。一四四年で地球が滅びるのを、一四五年に延命しようということなのかな。「丹田チャクラ物質精神充実」……。

ここに行った時に、「ぜひ、よいことがあるので持ってってください」って言われて水とハッピーポールをもらってきたんですよね。この木の角柱を奉納するというのを、かなり一生懸命やってるので、ここの人たちがハッピーポールの普及活動をやってるのかもしれない。

吉田　その可能性が高いですね。よかった。長年の謎が解けました。

小嶋　ピースポールに戻りますが、ここも、メジャーな富士浅間神社がある富士山の信仰の裏側に、花開いた裏宗教というとらえ方ができると思いますね。

富士周辺はここだけじゃなくて、ありとあらゆる新興宗教のるつぼですからね。

伏見稲荷（京都府）の裏山はインディーズの流行り神の塚

小嶋　伏見稲荷大社（京都市伏見区）は、千本鳥居が並んでいるのが有名で、奥の院があるんですが、その先にも山全体に鳥居がずーっと続いているんですよね。お山巡りって言うんですが、途中のいろんな塚のようなところをグルッと回って参拝するんです。

本来の稲荷信仰のテリトリーは、その千本鳥居をくぐった奥の院までなんですよね。そこから先は、インディーズの宗教が建てた塚がずーっと続いてる状態なんです。

伏見稲荷大社（京都府）の裏山

伏見稲荷の場合は、そうなった理由がありまして、もともと稲荷信仰の総本山だったわけですが、明治の神仏分離令の際に、得体のしれない流行り神だったり、地元の小さいインディーズの宗教をどこかにカテゴライズしなければいけなくなった。お上が「どこかに属せよ」という命令をした時に、流行り神は伏見稲荷の分社という形で組み込まれていったという背景があるんですね。

吉田　全国的に見ても、明治の時にどこかに属せって言われた信仰が、稲荷に行く場合が多かったんですね。稲荷にすらなれなかった、先ほどの石神様みたいなものだと廃止されちゃったり。

もちろん、由緒正しい稲荷神社もたくさんありますけど、稲荷っていうのはもともとどこの神様かよく分からないパターンが多いそうなので、気をつけた方がいいと思います。

小嶋　稲荷信仰に付随して、もともと出自のよく分からない宗教が、寄り添ってる場合がすごく多いんですね。

吉田　誰かが文書に残してたり、語り継いでくれてれば分かりますけどね。

小嶋　伏見稲荷の場合は規模が大きくて、裏山がほぼまるっとインディーズの流行り神様の塚だったりして、石碑がいっぱいあって、そこに彫ってある神様の名前がもう見たこともないようなものだったりするんですよね。「これは稲荷信仰とは全然別ものだな」というのが一目瞭然ですね。

写真のように、小さい鳥居を奉納するんですね。近くに売店があって、一個いくらで売ってるんですが、鳥居が積み重なってかなりカオスな光景になってますね。

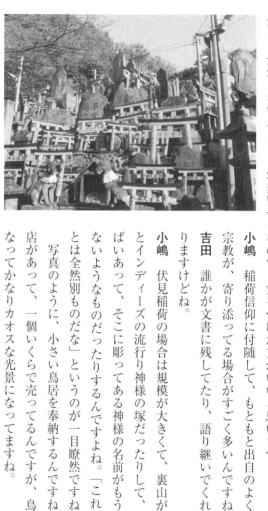

編集部　伏見稲荷とは別に、豊川稲荷の流れで、赤坂の豊川稲荷がありますね。

小嶋　豊川稲荷は、神社じゃなくて、曹洞宗のお寺なんですよね。徳川家康が信仰していたという荼枳尼天《だきにてん》ですね。あそこに行くとおもしろいのは、本殿で祈祷なんかやってますけど、お坊さんがお経を読んでやってる時に、祈祷をしに来た参拝客の人は、みんなパンパンと柏手を打っているという（笑）。

吉田　あそこもだいぶカオスな空間ですね。でも一番すごいのは、やはり伏見稲荷ですね。

小嶋　そうですね。裏山がまるまる明治以降に稲荷に組み込まれた流行り神様だし、グルッと一回りして、里の方に戻ってきた比較的新しいエリアには、もう稲荷信仰は関係なくて、道教・仏教系の新興宗教や、インディーズの小さい宗教の人たちがいっぱい居を構えてるので、時代を追うごとにカオスになってきてる感じですね。

吉田　ここも、寄り合い場的な、「どの信仰団体も自由に来ていいよ」というアジールのような空間だということですね。

小嶋　うんうん。インディーズの人たちが来て、みんなで塚の前で、祝詞のような呪文のようなものを上げている風景はなかなか強烈ですね。

つぼ湯や大斎原で禊ぎをして、熊野大社（和歌山県）に参る

吉田　有名どころの裏側という意味では、「熊野大社」もそうですね。熊野古道を巡礼した先のゴールとなる、一番有名な神社の一つですが。今の熊野本宮大社（和歌山県田辺市）って山の上にあるんですが、それは明治に入ってから移されたもので、もとはでっかい川の中州にあったんですよね。

明治の大洪水で全部流されちゃったので、仕方なく、高地の方に移転した。でも本来の場所にこそ意味があるはずですよね。そこは、大斎原《おおゆのはら》という形で残されているんですが、本宮から道路を挟んで少し行ったところにあります。日本一の大鳥居があったりもしますが、基本的にただの原っぱなんです。

大斎原（和歌山県）

普段は僕、パワースポットに行って「なんかビリビリ感じる！」なんて言っている人を冷ややかに見てるタイプなんですけど。**ここはビビビっとパワーを感じましたね。**ただの空間となったから、逆によかったかもしれないと思いますね。人もそんな来ないですし。

何もなくなった、ポッカリした空間の方が、神秘的だったり

しますよね。沖縄の御嶽もまさにそうですけど。
小嶋　そうですね。かえってなくなってしまったために、神社を造る前の空間そのものが現れたりしますよね。
吉田　場所性が、じかに働きかけてきますね。
「癒し」ということなら温泉も紹介しなくては、と思うんですけど。昔の熊野古道を巡礼した人は、熊野大社に行く前の晩に、禊《みそ》ぎをするわけです。それが「つぼ湯」（上の写真）という世界で唯一、世界遺産に認定されてる温泉として残されているんですよ。
辺り一帯は温泉街になっていて、そこのつぼ湯はだいぶいい感じです。温泉のトップクラスである足元湧出泉――浴槽にそのまま温泉が湧き出すタイプ――となっています。
小嶋　一人しか入れないような小さい温泉なんですね。
編集部　これぐらいの大きさのものがいっぱいあるんですか？
吉田　いや、これ一つだけです。もちろん温泉街には温泉はたくさんありますけどね。ロマンを壊すようですが、今のつぼ湯は明治になってから作られたものです。まあ「つぼ湯」という表記自体、江戸時代の文献にもないんですよね。
とはいえ、この温泉で、小栗判官《おぐりはんがん》がらい病を治したという伝説がありますね。一回地獄に行った小栗判官が、もう一回甦れって閻魔様に言われて甦ったものの、らい病となってしまった。それを照手姫《てるてひめ》が、ここに連れていってあげて治したという。入浴という行為自体が「死と復活」と絡む要素があるんですけど、つぼ湯はさらに子宮をイメージさせたりもしますね。

横を川が通っていて、ゴーゴーという音がしていて、狭いつぼみたいな浴槽に入る。小栗判官の逸話も併せて考えると、死の穢《けが》れを落として復活して、そして熊野大社に参拝するという、世界の神話的なイニシエーションと同じ形ですね。リフレッシュは再び甦るという意味であるし、まさにそういうことです。

大斎原の「斎」は「ゆ」って読みますよね。僕、温泉が好きなので熱く語らせてもらうんですけど、「湯」という言葉は、他の国の言葉にはないいんですよね。英語でもホットウォーターですね。あったかい水という言葉しかないいんです。

でも、日本人は湯という言葉を大切にした。水とはまた別のものとしてとらえているんですね。その湯は、「斎」、つまり「いつき」という神様をたたえ祭る意味の字と音《おん》が一緒です。**「ゆ」とは神の音なのかもしれない。**さらに、熊野も音読みすると「ゆ（う）や」ですからね。これはつまり「湯屋」、温泉の施設というイメージとも重なります。

編集部　ほんとだ。確かに、熊野を音読みすると「ゆうや」ですね。

吉田　大斎原は、川の中州ですから、昔は水の中をジャブジャブと歩いて渡っていって参拝したわけです。キリスト教における洗礼も一緒ですけど、**子宮の中にもう一回入り直して復活するという、人類がオーソドックスに持っている癒しの発想**ですね。その意味で、つぼ湯に入って大斎原に行くのは、普遍的で完璧な癒しの行為じゃないでしょうか。

小嶋　例えば湯殿山も、温泉が噴き出していて下がビチャビチャのところを裸足で歩いていくんですね。あそこも、宗教体験としてはかなり強烈なイメージがありますね。

吉田　地下から湧き出るものや水に対する日本人の信仰心は、古代から現代に至るまで、非常に強いですね。

編集部　神社の禊ぎもありますけど、お湯によって癒されたり、生まれ変わってパワーをもらったりというのは、古代からやっているんでしょうね。

小嶋　温泉と宗教は、だいぶ重なってますから。

吉田　温泉レジャーだって宗教行為ですからね。もちろん、今の人たちは宗教だと思ってやってないですけど。温泉というのは多少の効能はありますけど、難病が治ったりするわけじゃないです。そりゃ、肩こりや傷痕ぐらいは治りますよ。でも、あらゆる疾患が直接的に治るわけではないんです。それほど強烈な医療効果はないですからね。

僕も温泉は大好きですけど、ある意味、宗教儀式の一つだと思いますよ。科学的に、何か効能があるから行くという即物的な話じゃないですね。温泉地まで旅行して、そこの湯につかりたいという気持ちには、信仰心や宗教心が無意識に働いているはずです。巡礼と一緒です。

小嶋　信仰と、温泉に入るという行為自体が似てるんですよね。

編集部　温泉に効能書きがいっぱい書いてあって、どれぐらい科学的に本当かどうかは分からないけど、あれも、拝み屋・占い師さんの効能に通じるものがありますよね。

小嶋　お品書きに近いですよ（笑）。

吉田　僕も、実際に効果があるから温泉が好きなんじゃなくて、その宗教的な雰囲気が好きなんですよね。末期ガンや膠原病《こうげん》などの難病の人が、近代医療から「もう治せない」って言われた末に、最後に行き着くような、ラディカルな宗教的温泉もあれば、「リフレッシュするよね」と友達と軽い気持ちで行く温泉もありますね。子宝の湯なんかもそうです。妊娠しやすくなるなんてあり得ないですから。

ただし、そうやって行くことで、科学的に考えても、精神状態は楽になるし、ストレスが軽減されるんですね。体を温めることも、全般的によい効果は期待できます。

あとは、温泉地での人とのコミュニケーションですね。宿の人と交流したり、湯治《とうじ》だったら冬の間、知らない人とワイワイ、コミュニケーションしていく。知ってる人とも、さらに仲良くなる。そういう心理的効果によって難病の方たちの疾患がよくなることは、あると思います。無駄なことではないです。

温泉旅行そのものが、日本人が昔からやってるパワースポット巡りだな、と僕は考えていますね。

小嶋　湯治場なんかに行くと、病気の人たちが、お互いに自分の病気について話したりして、痛みを分かち合ったりしてますね。これは病気がつらくて、絵馬を奉納して、その絵馬を他の人たちが見て、「つらいのは自分だけじゃないんだな」と思うようなことと、もしかしたら同じなのかもしれないですよね。

ハードな胎内くぐりが体験できる磐舟神社（大阪府）

小嶋　今、生まれ変わりの話が出ましたが、大阪の「磐舟《いわふね》神社」（大阪府交野《かたの》市）はロッククライミングほどではないんですが、かなり狭いところに入って一回りして生まれ変わる。まさにハードな胎内くぐりみたいなところです。

　近年ここで、事故で亡くなった方がいるんですね。なので、一時入れなくなっていたのですが（現在は参拝可能）、ここは胎内巡りとしては比較的簡単に行けるわりにはなかなかアクティブな体験ができるので、お勧め。

磐舟神社（大阪府）

　岩の中に、白いペンキで矢印がずっと書いてあって「ここに行け」みたいな感じなんです。入り口には神社の方がいらっしゃって、拝観料を払って白い装束を借りて、着て参拝します。

　中に入ると自分しかいないので、この矢印だけが頼り。道が分かりにくいので、この矢印だけを頼りに進むうちに、最後はこの矢印が神様に見えてくるという（笑）。

編集部　何分ぐらい巡るんですか？

小嶋　一〇分～二〇分ぐらいだと思うんですが、最後に出られた時は、生まれ変わったとまでは言わないけれど、何らかの感動はありますね。「本当に入れるのかな」というような隙間に入っていくんです。「足カラ」なんて書いてあるんですけど、足からじゃないと絶対入れない（笑）。
白いペンキで書いてあるただの矢印ですが、この矢印にすがっていくしか生きてく術《すべ》はないぐらいに追い込まれる感じがすごく好きなんですね。

吉田　一回、死の恐怖を感じるぐらいじゃないと、効果ないですものね。お寺の戒壇《かいだん》巡りもそうですけど、完全に真っ暗な中を、歩かされないとね。

小嶋　たまに、隙間から中途半端に光が漏れてくるお寺があるんですが、ガッカリしますよね。

吉田　そうですね。善光寺（長野県長野市）みたいに完全な闇じゃないと。

小嶋　閉所が苦手な人だと、危ないんでしょうけどね。

第6章 二人が選ぶベスト・パワースポット（海外編）

世界一大規模な癒しの場、フランスのルルド

吉田　次はお湯からの霊水つながりという意味で、フランスのルルド（フランス南西部）ですね。ここは世界的に見ても最強の霊水スポットではないでしょうか。

ベルナデッタさんという少女がある日を境に、マリア様を霊視するようになった。そのうちに、町で評判になって、みんなが集まるようになっていった。その群衆の見てる前で地面を掘ったら、水が湧き出てきた。それが病気を癒す霊水だというので、カトリックの一大聖地となりました。ベルナデッタはその後、聖人認定もされています。

はじめは言ってみれば、日本の神がかりみたいなものだったかもしれない。でも、そこからものすごく発展して、今のルルドは、難病の人たちが――軽い病気の人も

ルルド（フランス南西部）

吉田悠軌氏が選ぶ　ベスト・パワースポット　|海外|

- ルルド（フランス）
- 霊泉洞窟（フィリピン）
- ロベール・タタン美術館（フランス）
- 彌阿里の占星村（韓国）

いるのかもしれないけど——霊水を求めに、ヨーロッパ中や世界中からやってくるという土地ですね。

しかし、このご時世ですから、カトリック教会やバチカンは、「ここの水の霊的効果で病気が治る」という方向にはしたくないみたいです。「宗教なんだから、非科学的な霊性も認めてもいいじゃん」と思うんですけど。「科学的実証なんかいいから」と思いますけどね。

しかし、バチカンとしては、ルルドはあくまで医療ボランティアの土地なんだ、ということにしたいんです。若者たちがボランティアでやってきて、病気だったり、障害を持ってる人たちの世話をして、一、二か月したら帰っていくみたいなね。確かにそういったボランティア活動は盛んに行われています。

あくまで科学にも反しない、キリスト教的な博愛精神の場所という風にしたいらしいんですね。ですから今のルルドの霊水を「奇跡」扱いすれば、逆にバチカンの方が嫌がるかもしれません。

とはいえ、聖地であるのは確かなので、沐浴《もくよく》して生まれ変わり体験みたいなことはさせてもらえます。沐浴場があって並んで入っていくんです。

内部でタオル一丁みたいな感じで裸になって待たされるんですよ。コンクリで作った、ルルドの水が溜まった浴槽みたいなものがあって、後ろから二、三人の人に介助してもらって一、二、三

ルルドの沐浴場

で、後頭部からジャボーンって入る。

編集部　キリスト教の洗礼みたいですね。

吉田　洗礼ですね。洗礼ということでやってるわけではないですけどね。霊水の沐浴という形です。

編集部　男女に分かれてやるんですか？

吉田　もちろん男女に分かれてやります。水が冷たいから、急いでタオルで拭こうとすると、「Not towel, not towel」って言われちゃいました。「あんまり拭かない方がいいよ。その方が効果あるから」って温泉みたいなこと言われて。

小嶋　自然乾燥ですね。

吉田　そうですね。ここの水を科学的に調査した人によれば、ミネラル分が多く含まれているから、健康には多少よいのは間違いないみたいです。だからといって体につけても健康になるわけはないですけど。

編集部　お金取られるんですか？

吉田　取られません。それに、カトリックじゃなくても誰でも入れてもらえますよ。ただ、向こうは、僕のことをカトリックだと思ってるかもしれないので、沐浴の際、日本語でお祈りはしました。たぶんお祈りの文言は間違ってたでしょうけど、向こうだって日本語が分からないから、特に違和感はなかったみたいです。

ある意味、神がかりのオカルティックな場なんです。だけど、それが発展していって、いろんな意味での癒しの場になってる場所としては、世界でも一番、大規模なところの一つと言えるでしょうね。

さっき言った、日本人が温泉に宗教的なものを求めるみたいに、地の底から湧き出す水には、世界中の人が聖なるものを見てきたということでしょうね。ルルドにおけるスピリチュアル文化って、キリスト教の教義とは関係ないですからね。

地下から湧いてきた水が万病に効くというのは、フランス南部、ピレネー山脈近くの土着信仰の表れの一つかもしれません。山があって水が湧いて、そこに霊性を見出す心持ちは、日本人なら共感しやすいですよね。

ベルナデッタは、ここの洞窟で何回もマリアを霊視しています。九回目のマリア出現の時に、評判を聞いて集まった群衆の前で、いきなり、キツネつきみたいな感じになって地面を掘ったかと思うと、そこから湧いた泥水を飲み出したそうです。「うわ！　やべぇ」ってみんな思ったでしょうけど、その水がいろんな人の病気を治したというので、現在の聖地・ルルドの泉となったんです。完全に神がかりですね。ベルナデッタは貧乏な家で苦労していた少女だったので、そういう人が神がかるのは日本の宗教と一緒ですね。

小嶋　マリアを不動明王などに置き換えれば、そのまま日本でもありそうな話ですよね。

フィリピンの霊泉洞窟（セント・ヤコブ洞窟）

吉田　補足として話すと、フィリピンにもおもしろい霊泉信仰があります。あそこもカトリックですし、ルルドと同じだなと思うんです。

セント・ヤコブ洞窟（フィリピン）

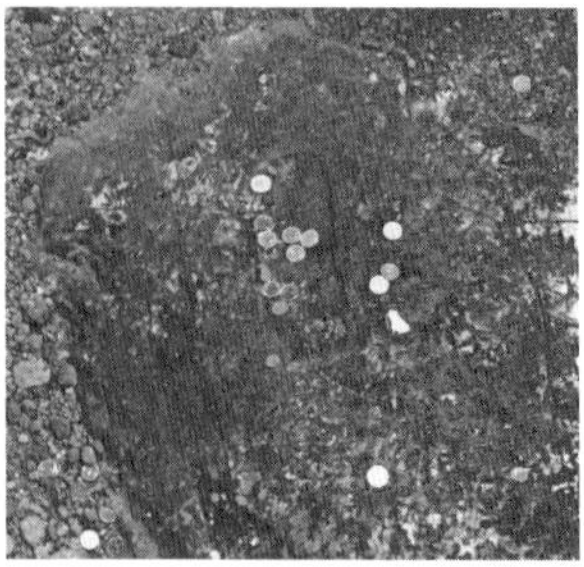

岩が降臨したキリストの足跡の形に凹んでいるという。（写真中央）

僕ではなく、友達が行ったところなんですが、「セント・ヤコブ洞窟」（フィリピン・ルソン島）を紹介しておきますね。フィリピンの巡礼地、バナハウ山の麓《ふもと》にはいくつも聖地が点在していて、その中の一つです。先ほどの大阪の磐舟神社と同じ感じで、洞窟を降りていくと、その底に水が溜まってるんです。その水に一回入ってまた出てくるという形ですね。

また、バナハウ山麓への巡礼コースのハイライトは、キリストが降臨して、岩が足跡の形に凹《へこ》んでるところです。巡礼の最後は、その一帯に流れる小川の水を浴びるわけですね。
どちらかといえば、キリスト教というよりも自然崇拝に近いです。カトリックは土着の信仰に寛容なので、ルルドとバナハウ巡礼、両方とも似通った霊水文化が残されているんでしょうね。

ヒンズー教の教えや神話を楽しめる聖地（バツー洞窟／マレーシア）

小嶋　「バツー洞窟」はマレーシアのクアラルンプールにあるんですけど、マレーシアってヒンズー教徒の人もいっぱいいいて、ここはマレーシアのヒンズー教徒の聖地ですね。クアラルンプールの郊外の岩山の中に鍾乳洞があって、そこの中が聖地になってるんです。以前はバスで行かなきゃいけなかったんですけど、今は電車で行けますね。

吉田　洞窟だけなんですか？

バツー洞窟
（クアラルンプール）

小嶋　洞窟の中にヒンズー教の祠があります。洞内は広大で神秘的なんですが、おもしろいのは隣の洞窟なんですね。そっちはヒンズー教の聖地とは別立てになってまして、こっちがかなりテーマパークっぽい感じで、裏バツー洞窟みたいな感じです。
ここはヒンズー教の教えや神話を立体的に見せるというと

ころです。日本で言うと、ハニベ巌窟院みたいな雰囲気ですかね。色もレインボーで、インドっぽい感じに塗ってあるんです。照明もいろんな色を使って照らしてる。サイケデリックで、ヒンズーっぽい感じですね。

吉田　裏じゃない方は、もっと落ち着いた感じなんですね？

小嶋　ヒンズー教なので派手ではあるんですけど、ここまでテーマパークっぽい感じではないですね。

「タイプーサム」って体中に針を刺すお祭りがここでスタートするんですね。パレードがここから始まる。この洞窟の中にも、タイプーサムのために刺す針の衣装みたいなのが端っこにいっぱい捨てられていて、おもしろかったです。

さらに奥に別の洞窟があって、そっちはインドの巨人伝説みたいなのがあるらしくて、それを人形仕立てでやってまして（写真）。バツー洞窟は、ヒンズー教の聖地なんですが、その隣にはこのようにヒンズー教をベースにした、一味違った世界が展開されているのもおもし

小嶋独観氏が選ぶ　ベスト・パワースポット　｜海外｜

- バツー洞窟（マレーシア）
- ワットケーク（タイ）
- カオダイ教（ベトナム）
- 泰国四面佛（台湾）
- チベタン・テンプル（マレーシア）

ろい。

そもそも洞窟自体がその非日常性や異空間性、内向性といった要素を持っていて、それが宗教と非常にフィットしていると思うんですね。だから古今東西、多くの洞窟が信仰の場として活用されてきたわけですが、その中でもここの洞窟は特にうまく利用しているな、と思います。

仏教とバラモン教が混じった新興宗教の寺・ワットケーク（タイ）

小嶋　「ワットケーク」（ノーンカイ）は、タイの東北部にあるお寺です。ノーンカイって北側にメコン川が流れていて、川の向こうはビエンチャン、ラオスなんですね。

ここは仏教とバラモン教が混じった新興宗教なんですが、もとはビエンチャンにあって、ルアン・プーというお坊さんが始めた教団なんです。ビエンチャンの郊外で、ちょうどこのお寺から見て川の向かい辺りにあったんですが、そこで布教を始めて、かなりキテレツなコンクリートの神様をいっぱい造ったんです。しかし当時のラオス政府とあんまり折り合いがよくなかったらしくて、ビエンチャンを出て行かざるを得なくなったらしい。

で、川向こうのタイ側に来て、そこでまた布教を始めたんですね。教祖を含めてみんなタイ側に移住しちゃったので、ビエンチャンの方は

ワットケーク（タイ）

なぜか目と眉毛だけマジックで書き足してある教祖の写真

ブッダパークという名前の公園みたいになっていて、変てこりんなコンクリートの神像がいっぱいある。そこはプロトタイプで、タイのノーンカイ側に移ってきて造った方が進化形で、神像の規模も大きいですし、細工もかなりよくできてます。信者さんがみんなで手作りで造ったというんですけど、クオリティが高いんですね。

吉田　パワースポット的な要素はあるんですか？

小嶋　教祖のルアン・プーという人はもう亡くなっているんですけど、お寺の本堂の二階が、その人のメモリアルコーナーみたいになっていて、教祖の写真が並んでる。最初に行った時は、「信者じゃなきゃ入れない」って言われたんですが、二回目に行った時は、「いいよ、いいよ」と言って上げてくれて。上げてもらったら、教祖の写真があって信者の人たちがお祈りしてましたけど、目と眉毛だけマジックで、後から書き足してある（笑）。気持ち悪かったです。

吉田　そこが強調したいポイントなんでしょうね。

小嶋　目だけ全部、後書きしてあるんです。その奥にガラスのドームがあって、教祖様のミイラが飾ってある。信者の人たちは一生懸命拝んでましたね。不思議な宗教でした。

意図的に他の宗教を組み込んでいる不思議な宗教、カオダイ教（ベトナム）

小嶋　ベトナムの「カオダイ教」は、仏教とキリスト教と道教、儒教などを、意図的にミックスした宗教ですね（口絵写真）。赤は儒教、黄色が仏教、青が道教の道士、と色分けされている。一つの宗教の中に、それぞれの宗教が内包されてるという形がユニークですよね。

他にもミックスされた宗教はあるんですけど、意図的に自分の宗教の中に他の宗教を組み込んでいるのって珍しいと思いましたね。

一日に何回か礼拝をするんですが、それもすごく不思議で、銅鑼《どら》を鳴らしてお線香を焚くみたいなことをするんですが、どこの宗教でもあり得ない。でも一個一個を見ると、それぞれの宗教行為の寄せ集めだったりするというすごく不思議な宗教です。

吉田　ヴィクトル・ユーゴーも祀られてますね。フランスで一番有名な作家だからかな。

小嶋　それからベトナムの南部、ホーチミンよりさらに南のメコンデルタの辺りってヤシの実しか食べない教団があったり、不思議な宗教があるんですよね。

ベトナム全土の地図みたいなのがあって、ポールが立っていて橋が渡されていて、上からベトナムを見るみたいな（笑）。あそこも、いろんな宗教を意図的につなぎ合わせてるので、お国柄・お土地柄なのかなという気はしますね。ベトナムっていろんな宗教や人や国が、かなり行ったり来たりしてる場所ですから、歴史的な背景もあるでしょうね。

吉田 ベトナムのソウルフードで、フランスパンを使った「バインミー」ってあるじゃないですか。あれもアジアとヨーロッパの融合ですから、文化的に似たところがありますね。

タイの不思議な神様が楽しめる金剛宮　泰国四面佛（台湾）

小嶋 「金剛宮　泰国四面佛」（台北）は台湾の道教のお寺なんですが、地元の人は普通の道教のお寺とは思ってないので、新興宗教だと思います。タイの仏像がいっぱい置いてあるお寺で、私の大好きな目から手が出てる神様（左上の写真）もいるところです。

ここには目が四つある神様もいます。色が黒かったり赤かったりするんですが、一〇体ぐらいズ

甲子太歳金辨大将軍

地獄巡り

ラッと並んでいて迫力があります。その他にもよそでは見たこともない不思議な神様がいろいろいて楽しいお寺です。地獄巡りもあります。

佇まいがステキなチベット仏教の寺（チベタン・テンプル／マレーシア）

小嶋　次に紹介するのはマレーシアのお寺で、なんて呼んでいいか分からないんですけど、地元では「チベタン・テンプル」と呼んでいたので、チベット仏教のお寺らしいんですが。

吉田　ポタラ宮みたいなのをイメージしてるのかな。

小嶋　チベットにこんなお寺、絶対ないとは思うんですよ（笑）。

編集部　仏院なんですか？

小嶋　そうです。チベット仏教なんですが、イポーという町の外れにあるんですね。道もほとんどないような場所で、錫《すず》が採れるところなので、錫の露店掘りの跡の池がポンポンとあるようなところを縫って行く、そんな場所です。

そんな僻地にお寺があること自体、地元の人も知らないのですが、高層のタワーがあって、マレーシアで何番目かに大きいと言われる大仏があるんです。この塔の中はSFチックな感じになってます。中がずっと吹き抜けになっていて、この六角形のフロアに、それぞれ仏像が置いてある（次ページ写真）。

吉田　曼荼羅《まんだら》っぽいですけど、それもチベット密教を意識してるんですかね。

小嶋　そうですね。こんなド派手な色使いのお寺、まずないですし。チベット仏教なのかどうなのか。

　イポーって中華系の方が多く住んでる町なんですが、錫で栄えた町なので。あとはインド系の労働者の人はいるんですけど、チベット人が多い印象は全然ないですね。シルエットが仏教っぽくて、しかもチベット仏教とは似ても似つかないようなお寺で、実に不思議です。

　それ以上に、このお寺の佇まいが、あまりにもステキで……。（口絵写真の）左の塔の上部が吹きさらしになっていて、遠くから大仏さんが見える。

　両脇に階段があって一番上まで行けるんです。仏像も、派手派手な感じの不思議な仏像ですね。

原始宗教的な礼拝のための空間、ロベール・タタン美術館（フランス）

吉田　僕が紹介するパワースポットは、僕自身のスピリチュアルな解釈が入っているのですが、フランス・ラヴァルの「ロベール・タタン美術館」もパワスポの一つに挙げたいと思います。ロベール・タタン（１９０２～１９８３）というアウトサイダー・アート寄りの人が、自分の住んでいるところに造り上げた庭園ですね。それが今では、美術館として運営されています。

世界中を旅した後、この郊外の土地に引っ込んじゃって、自分の霊感に基づいた一つの宇宙を造ろうとしたんですね。かなりスピリチュアルな感じで、瞑想するための施設としても造ってあるんですよ。

そこにあるオブジェも、「太陽の門」「月の門」「すべての人の聖母」など……キリスト教世界とは違う、おそらくアフリカ・アジアに影響を受けたような、神話世界を造りたかったんだと思いますね。この世界観・宇宙観

ロベール・タタン美術館（フランス）

は、美術作品というより、もはや原始宗教的な礼拝のための空間ですね。その意味で、スピリチュアル・スポットと言っていいと思います。

編集部　鑑賞に来る人と瞑想しに来る人と、両方いる感じですか？

吉田　さすがにもう、瞑想しに来る人はいないと思いますよ。ロベール・タタンがいた頃は、弟子みたいな人たちがいて、一緒に瞑想してたみたいですけど。

小嶋　今は観光地ですものね。

吉田　でもロベール・タタンが自分でやろうとしたことは、狭い意味での美術・芸術という意識ではなかったと思います。森羅万象をすべて調和させて、一つの宇宙を造ろうとしたという感じですね。

編集部　珍スポット的な要素もあるんですかね？

吉田　そうですね。いろんなフォルム、モチーフ、造形の全般、その配置、構成が独特すぎるので(写真)。とはいえ、ロベール・タタンは、アウトサイダー・アート＝アール・ブリュット寄りの人ではあっても、素人ではなくプロのアーティストでした。だから完全にアール・ブリュット側に振れているわけでもない。……まあ、微妙なところですが(笑)。

素朴さもあるし、過剰さもあるし、とはいえ素人が見よう見まねで造ったというわけでもない。ものすごく技術がある人ですし、芸術センスも高いので、スピリチュアルに振り切っているわけでもない。さすが、バランスはよいですね。

ソウル裏路地の占い街（彌阿里の占星村／韓国）

吉田　先ほど紹介した赤倉霊場や石神神社に似てる場所が、韓国のソウルにもありまして。「ソウルの占い街」とでも言いましょうか。正式名称は「彌阿里《ミアリ》の占星村」（ソウル市城北区）です。占い師たちが集まっているという点で、赤倉に似た雰囲気があるんです。

彌阿里は、ソウル郊外の女子大があったりする学生街、落ち着いた住宅街ではあるんです。ただ、ここは山の傾斜がだんだんついてくる峠の土地で、街との境界にある場所なので、墓地になったりして、あんまり人は住んでなかったんですね。そこも都市開発が進むにつれ、高架道路が造られていくんですが、その道路の両脇にはさすがに人が住まない。

彌阿里の占星村（ソウル）

そこは土地が安いから、盲目の人たちが集まって一つの街を造ったんです。盲目の人たちの職業として、占い師が多いのは世界共通ですよね。日本ならイタコさんとか。

駅前は、有名な女子大があったりするから、キレイな感じなんですよ。そこから山に向かって走る大きな道路があって、その脇が高架道路みたいになっていて、真下にトンネルがあったりしてね。その辺りが占い街です。古きよきソウルの街並みが残っていたりしますね。

小嶋　こんなところが占い屋さんなんだ？

吉田　そうですね。高層ビルと昔ながらの街並みが混在している、西新宿みたいな雰囲気ですね。

小嶋　この街の中心にお寺があったりというわけではない？

吉田　ないですね。福祉センターがあって、目の見えない人への職業支援として按摩、鍼灸《しんきゅう》、そして易学の教育支援を行っています。だからそこに行くと、安い値段でマッサージしてもらえるらしいです。僕が行った時は定休日だったので、残念ながら按摩を体験できませんでしたが。

小嶋　石切劔箭《いしきりつるぎや》神社（東大阪市）みたいに、神社の参道に沿って占いがあるような感じではない？

吉田　ではないです。宗教的な意味で集まってきたわけではなくて、貧困問題を背景にして、土地の安いところにみんなで寄り集まって商業組合みたいな感じでやっているところです。

　全部の戸が半開きになってるんです。半開きになってるところにコッソリ入っていくという形なんですね。占ってもらいに行く人たちも、何らかの事情を抱えているので、あんまりおおっぴらにみんなに見られたくない、コッソリ行きたいんです。

　例えば浮気調査や、身内に病人がいて困ってる人たちが訪れるというところが、日本の赤倉霊場と同じような感じなんです。人目に付かない、裏路地みたいなところだったので、お客さん側も来やすかったんでしょうね。

第7章 二人が選ぶ最強インパクトスポット（日本編）

異端な造形の神仏像を楽しめる高鍋大師（宮崎県）

小嶋　ここは、ほぼ出落ちみたいな感じなので、まずは写真を見ていただきましょうか。

宮崎県の「高鍋《たかなべ》大師」は高鍋町という海に面した街の高台にあるんですが、もともとこの場所で、岩岡さんという方が霊感を得て、神仏の像を彫り始めたんですね。そのうち、周りで見ている方も協力するようになって、どんどんこのように大型の仏像が作られていくんです。

高鍋大師（宮崎県）

　ここ、仏像の工法が特徴的でして、普通の仏像彫刻ではあり得ない作り方ですよね。塑《そ》像《ぞう》・石像ってそれなりのルールがあるんです

小嶋独観氏が選ぶ
最強インパクトスポット ｜日本｜

- 高鍋大師（宮崎県）
- 源宗坊寺（広島県）
- 中風寺（京都府）
- 象の上の観音様・清水滝（熊本県）
- 大国寺（鹿児島県）

が、それを一切無視して、四角い石をバンバンと積んで、作ってます。

吉田　四角い石を積み重ねて、レゴブロックみたいな発想ということですね。

小嶋　そうです。ほぞ穴を開けて、手を差し込んでる。かなりユニークな工法なんですが、これだけの規模のものを、あれだけの数作るのは尋常じゃないエネルギーですし、「だったら、ちゃんとした形のものを作ったらどうか」とは思うんですが（笑）。そこにも頓着せず、どんどん作らなければいけないという焦燥感・使命感のようなものすら感じられるんですね。上手じゃない方が、かえってその熱い思いが伝わるから、よいのかなと思いますね。神様自体もオリジナルでして……。

吉田　（前ページ写真を見て）何の像ですか、これ？

小嶋　確か書いてあるんですが……十一めんくわんのん。

吉田　ここら辺の文字も、下手だな、これ（笑）。

小嶋　顔も、笑ってて（笑）。

編集部　アルカイック・スマイルじゃないですね。

吉田　正直、怖いです。

小嶋　頭の上の十一面が崩れ落ちてきそうなんです。でも見てると、思わずこっちもガハッと笑える。このように、謎の文言と一緒に建てられていて。右ページの写真は風の神様なのかな。違う。何だろう？

吉田　まさにアール・ブリュットですね。

小嶋　そうですね。日本の神仏の像の中では、頭《ず》抜けて異端な造形だと思います。書かれてる文言も、よく分からない。風の神、かみが平仮名だ。風神なんですね。

ここがおもしろいのは、天啓を受けたおじさんがいて、周りに人がどんどん増えてきて、気がついたらお寺になってしまったという。最初にお寺があって、お寺の人が造ってるのではなくて、自然発生的にお寺になったんですね。

編集部　ちゃんとしたお寺なんですか？

小嶋　僧侶の資格は後で取ったらしいです。その方はもう亡くなっていて、近所の方が今でも掃除されてるので、きれいな状態に保たれてます。地元の人にも愛されてる印象はありますね。

最近ここの仏像をモチーフにした高鍋町のゆるキャラが誕生してますし……。

独特な味わいのコンクリート仏（源宗坊寺／広島県）

小嶋　源宗坊《げんそうぼう》寺は広島県呉市の市街地の裏山にあるお寺です。稲田《いなだ》源宗坊という僧が、この山の中で修行していたのですが、その人が作ったコンクリートの仏像があちこちに点在しているんです。

写真①

編集部　（写真①を見ながら）これは龍ですよね？

小嶋　左上が尻尾で、龍ですね。背中に乗っかってる感じ。

吉田　造形が独特ですが、決して下手ではないですね。

小嶋　これが本尊なんです。

吉田　これは下手です！

写真②

源宗坊寺（広島県）の本尊

小嶋　おばちゃんのパンチパーマみたいな感じになってますね（笑）。本尊の右にあるのは十一面観音なんだと思います。

吉田　写真②の竹藪にあるやつは上手ですよね。このデフォルメの仕方も、わざとやってるのかな、と思いますが。

小嶋　そうですね。こっちの方は比較的上手いんです。後になって他の方が作ったものもいくつかあるって聞いたので、もしかしたらそちらかも。上手すぎますものね。

不動明王

あと、一個確実に稲田さんじゃなくて別の信者さんが作ったものは、本尊よりもさらに下手ですね（笑）。

編集部　これはいかんな。

小嶋　これが一番大きい仏像で、不動明王なんです。本当は、この周りの石垣が完成してなくて、これをさらに積み上げて、大仏を作る予定だったらしい。ですから、この不動明王は大仏の中に封じ込められてしまう予定だったんです。

でも計画が途中で頓挫《とんざ》してくれたおかげで、この素晴らしいコンクリ仏が、今でも見られるということです。これ、ほんと大きいんです。

“工場感”満載の中風寺（京都府）

小嶋　次は「中風寺《ちゅうぶでら》」（京都府南丹市）なんですが、お寺だか工場だか、よく分からない不思議な建物です。最初、工場の居ぬきかなんかで無理やりお寺にしたのかと思ったら、どうもそうではないらしい。お寺の方が設計して造ったらしいんですね。

（写真③を見せながら）この右の部分なんて、付け足しという感じですね。トタンの階段に防水シートと、生コン屋のプラントみたいな感じです。

吉田　それが、工場感を醸し出してますね。

小嶋　モロ工場感。手前に大きな池があって、これも工場っぽい感じなんですが、高低差があって登ったり下りたり、アップダウンが激しい。基本的には平らなところに造ってあるお寺なんだけど、敢えて人工的に高低差を作ってあるんです。

建物の二階に行ってピロティを歩いたら今度は一階に入ってと、わざと迷路っぽくしているんですね。

吉田　なんのためですか？

小嶋　この建物と手前の建物を全部合わせて、四国八十八か所のミニ霊場になってるので、建物の中で旅を追体験するためにあえて複雑にしているんです。バーチャルで遍路をするような……。写

中風寺（京都府）

写真③

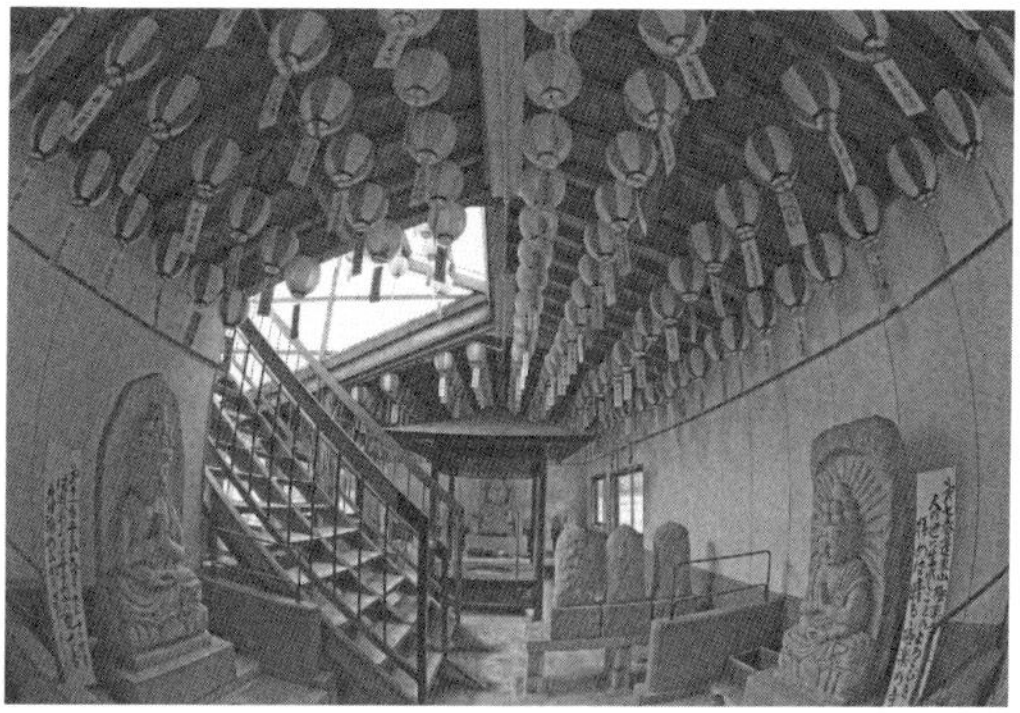

写真④

真④のように、階段が複雑に入り組んでいて、その間に石仏が並んでる感じ。一体一体拝んで回ると、巡礼したのと同じご利益があるということですね。

吉田　ミクロコスモスですね。

小嶋　そうですね。世界モデルですね。見た目はキテレツなんですが、中に入って歩いてみるとすごく合理的で、ちゃんと順番が指定してあって、一方通行で回れるようになってはいるんです。

象の上に観音様が乗る詰所（熊本の阿蘇山）

小嶋　（口絵写真を見せながら）次に紹介するこれ、熊本の阿蘇山の南麓の山の中にあるんですが、新興宗教の修行場みたいなところだと思います。

吉田　これが詰所《つめしょ》みたいなところで、象の上に観音様が乗ってるんですよね。

小嶋　普通の木造の家にコンクリを無理やり塗りつけて、無理くり、象さんにしちゃった感じなんです。

吉田　この周りにもコンクリでできた、いろいろなものがありますものね。

小嶋　「清水滝《しみず》」（熊本県南阿蘇村）という滝があって、基本的に阿蘇山の伏流水が染み出てる。その滝だけはきれいなんです。でも滝の上に観音様・不動様がいて……。

吉田　詰所のカラーリングが原色なんですよね。あと、鬼がいる。

編集部　ここって滝行をやる場所なんでしょうね？

小嶋　そうだと思います。そのための詰所だと思います。

吉田　今は、やってないんじゃ？

小嶋　でも、定期的に塗り替えてるので、今でも使われていると思います。ただ、人気《ひとけ》がないというよりも、行くのが、大変ですよね（笑）。

虎のパンツをはいた赤鬼

竜宮門？

吉田　大変ですよね。ちゃんと公共の案内板が出てるんですけどね。「清水滝　駐車場」って。それがなかったら、だいぶ不安になりますけど、ずーっと未舗装の山道をガタガタ、ガタガタ行くだけなんで。
　ここも、阿蘇ならではの、スピリチュアル・スポットですね。阿蘇は昔から、スピリチュアル界隈で重要視されている地域なので、いろんなものがありますよね。その中でも、清水滝は異様ですね。

小嶋　清水滝から南に行くと、たぶん同じ教団が造った竜宮門みたいなのがある。

吉田　よく資材を運んだなという感じですよね。

小嶋　写真のようにかわいそうな感じの鬼がいる（笑）。かわいいんですけどね。先ほどの象さんの対岸には洞窟があって、そこの洞窟の入り口に不動明王がいて、中に観音様が祭ってある。そっちでも、おそらく修行してるんでしょうね。
　この滝の部分は、時々ネイチャー写真家みたいな人たちが撮影していたりするんです。

吉田　そのときに、象の詰所が入らないようにトリミングしちゃったりして（笑）。

小嶋　そうそう。確かに、滝自体はきれいなんですよね。コケがあって水が滴り落ちてるんでね。
吉田　その宗教団体の人たちも、聖地みたいな修行場にしておきたいんでしょうね。でもそれなら、なんで変なコンクリの造形物を配置してるんだろう、とは思いますね。

住職自作のカラフル・コンクリ仏が素敵な大国寺（鹿児島県）

小嶋　鹿児島の「大国寺《だいこくじ》」（枕崎市）も、私の大好きなコンクリのカラフルな仏像がいっぱいあるお寺です。真言宗のお寺さんで、山の中の標高が少し高いところにあるんです。住職が、自分で作って自分で色を塗ってということをずーっとやってる。パワフルな住職です。
吉田　（口絵写真を見て）このお稚児《ちご》さんみたいなのも？
小嶋　中央にいるのはお地蔵さん（笑）。子どもを抱いてるんですが、おでこのが白毫《びゃくごう》（注25）だと思うんですけど、デカいから分からないです。その奥が昇龍《しょうりゅう》観音ですね。でも、本来の昇龍観音って足元に龍を従えてる感じなんですが、これだと、龍に巻き殺されてるような（笑）。
吉田　巻きつく龍が作りたかったんでしょうね。
小嶋　（次ページの写真を見せながら）このようにビビッドな色と、垂れ目のかわいらしい顔のコントラストが素敵ですね。鹿児島は、この極楽鳥花をよくお墓に供えたりするんですが、これがなかなかマッチしてますよね。

吉田　これ（下の写真）、ドラえもん……（笑）。

小嶋　ドラえもんみたいですね（笑）。この後、塗り足していくんでしょうけど。

　写真を撮った時点では、完全にドラえもんにしか見えない仏像ですね。今でもどんどん増えてる。最近行ったら、その前に訪れた時よりも仏像がすごく増えていて、ビックリしました。

編集部　全部、その一人の住職が作ってるんですか？

小嶋　もちろんサポートしてる人たちもいるでしょうけれど、基本的には住職さんが作ってるんです。

注25　**白毫**　仏の眉間にある右巻きの白い毛で、光を放つとされる。

狩人が奉納した動物の頭蓋骨でいっぱいの白鹿権現（大分県）

吉田　大分県って洞窟が多いんですよね。磨崖仏《まがいぶつ》がたくさんあることからも分かるように、岩盤が軟らかい地域なので。その洞窟にまつわる信仰で、いろんなパンチのある聖地・霊地があるんですが、その中でも「白鹿《しし》権現」（大分県臼杵《うすき》市）はキング・オブ・キングスみたいな感じです。写真のように動物の頭蓋骨が密集しているのですが……基本、鹿の骨ですよね？

白鹿権現（大分県）

小嶋　鹿の骨が多いけど、イノシシもあります。

吉田　ありますよね。いろんな地区から、狩人がその年で一番最初に獲った獲物を、山の神様に奉納するために持ってくる。基本的には大分県からが多いんですが、椎《しい》葉村《ばそん》（宮崎県）の狩人さんも来るみたいです。

小嶋　そう、宮崎からも来てるみたいですね。

吉田　ここ、怖いといえば怖い。いつからかは定かじゃないけど、それほど古代というわけではないですね。奥

吉田悠軌氏が選ぶ 最強インパクトスポット ｜日本｜

- 白鹿権現（大分県）
- 弓削神宮（熊本県）
- 門田稲荷（栃木県）
- 恋愛弁天［氷室神社］（兵庫県）

の方に、まだ一番古い頭蓋骨もあるらしいですし。

総代さんにいろいろ話を聞いたんですが、狩人さんたちが勝手に来て、黙って骨を供えて帰っていくらしいので、ここを管理してる人も、総代さんも、狩人とはまったく交流がないらしいんです。

由来としては、白い鹿を追いかけていたら、それは神の化身で、ここに辿り着いたというもの。九州の大分・宮崎の狩人さんの中で、聖地という位置づけになるんでしょうね。別に組織立ってやってるわけじゃなくて、民間信仰ですね。

編集部　狩人さんは全国から来てるわけじゃないんですか？

吉田　本州の狩人には彼らの宗教文化があるでしょうから、さすがにここまでは（笑）。そこまで広がっていないはずです。さっきも言ったように、組織立ってる信仰ではないけど、脈々と受け継がれてるんですよね。

編集部　ここは洞窟があるだけで、お社はない？

吉田　斜面の上の方にある洞窟なので、鉄の鎖をつかんでロッククライミングみたいに登っていかなきゃいけないんです。下手したら死にますね。

小嶋　ここはほんと危ないです。小さい祠が一つあって何が祭ってあるんだっけ？

吉田　熊野権現でしょうね。洞窟の外には宝篋印塔《ほうきょういんとう》がありますが。でも、完全に狩人さんたちの独自の信仰ですね。

小嶋　祈願としては、とにかく獲物が獲れますようにということでしょうからね。

吉田　白鹿権現ばかりが有名ですが、この付近には洞窟がたくさんあって、それぞれにインパクトがあります。猿権現、白山神社と、いろいろあっておもしろいんですよ。

ここまで来たら、他のところも回ってみるといいと思います。例えば猿権現の由来も、なんだか深みがあって不気味です。誰かが道に迷って山の斜面に落ちちゃって動くに動けないところを、猿の群れに助けてもらったんですよ。ただ、そのうちの一匹の

猿権現の洞窟

猿が自分になついちゃって、ずっと後をついてくる。それで、ストーカーみたいで気持ち悪いってなって殺しちゃった。助けてくれたのに殺すなんて、猿がかわいそうだということで祭ったのが、猿権現。

猿権現の洞窟、奥がずーっと続いてるんですよ。僕は一人で来たので怖くなって途中でやめたんですが、地元の人に聞いても、どこまでつながってるか分からないって。

あと、白山神社という、ものすごくデカい洞窟がある。ちゃんと階段が作ってあって、奥の方に地蔵が祭ってある。これはデカいという意味で、インパクトがありますね。

小嶋　（白山神社の写真を見ながら）広い穴だね。

吉田　でも、ここは奥はそんなに続いてないですね。臼杵の市史を見ると、「奥がどこまでつながっているかは分からない」って書いてあるんですが、そんなに奥が深くない。もしかしたら塞がっちゃったのかもしれないけど。ともかく、ここもきれいな場所ですね。

編集部　照明もないし、夜になったら真っ暗なんですかね？

吉田　もちろん。

釘ビッシリの男根に股間がすくむ弓削神宮（熊本県）

吉田　「弓削《ゆげ》神宮」（熊本市）は変な信仰で、浮気封じのために男根の張り形に釘をビッシリ刺してある。逆パターンもあって、女性器を模したものにも釘がビッシリ（次ページの下の写真）。旦那さんに浮気されてる奥さんが、不倫相手を呪って「婦人病になれ！」みたいな祈りを露わにしている。ちゃんと名前も書いてるんですね。「○○○○、私たちの前から消えろ！」なんて。

小嶋　（釘がビッシリの写真を見ながら）腰が引けちゃいますよね、これ見ると。

吉田　股間がすくむようなところですね。ここはもともと弓削道鏡《ゆげのどうきょう》にゆかりのあるところです。

弓削神宮（熊本県）

日本のラスプーチン、仏教と政治を結びつけた日本仏教初期の大物ですね。僧侶でありながら、政権の中枢に登りつめていった人で、性豪だったという伝説もありますね。

小嶋　巨根伝説がありますもんね、弓削道鏡。

吉田　それが落ちぶれた後に結婚して、確かこの地で、余生を送ってたのかな。その意味では、遊んでいた男が落ち着いて、ちゃんとした家庭を築いた恋愛の聖地みたいな場所ではあるんですけどね。まあ、それはただの伝説でしかないです。

道鏡は、俗悪なとらえられ方ばかりしがちだけど、本来は再評価されるべき人物だと思いますね。日本史の中でも、だいぶエネルギッシュな人物だったのは間違いないですからね。

小嶋　ここの女性器の表現もおもしろいですよね。平板に釘をババババッと打ちつけて、剣山《けんざん》みたいになっている。

吉田　そこに地図の工場マークみたいなのを書いたりしていてね。

小嶋　ひし形がそうですね。あとは単純に釘だけを打ってあったり。男性器の表現って日本中どこでも一緒ですが、女性器の表現っていろいろですよね。

吉田　分布図作ってみたら、おもしろいかもしれないですね。

小嶋　オメコマークの分布図（笑）。ここでは藁で編んで、エジコ（赤子入れ）みたいな丸い形を作ってる。

編集部　男性器のは神社で売ってるんですか？

吉田　いや、自分で手作りしたものを奉納するんですね。一点ものばかりで、同じ形のものはないので。

小嶋　これが、グーっと積んであるので、うすら寒くなる感じはありますね。

怨念がこもった絵馬や藁人形でインパクト大の門田稲荷（栃木県）

吉田　縁切り神社は数多くありますが、僕の一番のお勧めは「門田稲荷神社」（栃木県足利市）です

門田稲荷神社（栃木県）

ね。最強の縁切りスポットです。毎年、どんなダークな絵馬がかかってるか、楽しみに行ってる場所です。

編集部　「クレイジージャーニー」（TBS系）でも、紹介されてましたよね。ところで先日、ネットで、最近、絵馬に白い紙を貼って住所と名前を隠してある神社があるという話を読みました。個人情報保護法の影響がついに絵馬にまでってことでしょうかね。見たことあります？

小嶋　ありますね。

吉田　絵馬のお願いを隠しちゃうと、神様が見れないですけどね。本来は晒すものなので、絵馬シールに反対している寺社はたくさんあります。

小嶋　逆に、絵馬にシールを貼るんじゃなくて、「書かなくても神様は分かってるから、住所は書かなくていいですよ」と但し書きを付けてる神社もありますね。

吉田　個人的には、本来なら住所と本名は書かないといけないとは思ってますけど。まあ、僕みたいな人に見られちゃったりしますからね。あとは、もっと質《たち》の悪いのになると、わざと調べたりするやつもいますからね。「コイツとコイツが浮気したことが、この絵馬でわかる」なんてね。人のケツの毛まで調べるような不届き者が、僕の周りにもいますから（苦笑）。

編集部　ええーっ⁉

吉田　いや、何かするわけじゃないですよ。個人的な趣味として「フムフム」って見て、フェイスブックなどで情報を確かめるだけ（笑）。実害を及ぼすわけではないんです。

小嶋　縁切りの絵馬ってすごく攻撃的じゃないですか。誰かを攻撃するための絵馬なので。そこに実名を晒すにはガッツいりますよね。

吉田　いりますね。ですから、不届き者がツイッターやネットで絵馬を晒すのは、絶対やめていただきたい。それで奉納者の方々が及び腰になって絵馬のクオリティが下がると、本末転倒ですから。

小嶋　そうですね。

吉田　まじめな話、門田稲荷の絵馬は、本当に芸術作品だと思います。これこそ、アール・ブリュット、アウトサイダー・アートですよ。例えば人形《ひとがた》を書いて、丸ピンを首と心臓にビッシリ刺していたりする（上の写真）。

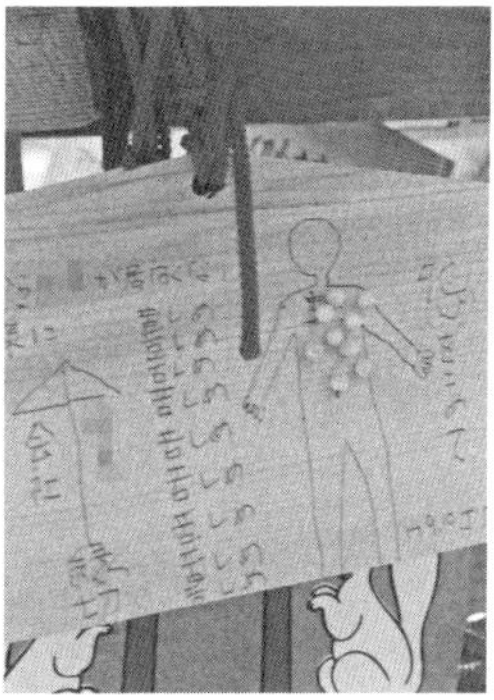

編集部　絵馬があるだけじゃなくて、藁人形もあるんですか？

吉田　絵馬にものすごい悪口をバーッてものすごく小さい字で書いてあるのもあれば、さらに発展していくと、立体アート作品になってくるんですよ。**相手の写真を貼って、目と目に丸ピン刺す、ホッチキスで留める。ズタズタにカッターで切り裂く**

（上の写真）。あとは、絵を描いてやる。そういうアイデアも、年によって流行りすたりがあったりして。

小嶋　怨念アートだね。

吉田　でも、この対談で言ってるような、やむにやまれぬ情動が噴き出すという意味では、一番純粋な形ですよね。誰に見せるわけでもないし、発表するわけでもないのに、表現せざるを得ない。

ネガティブなものなんですが、やむにやまれぬパッションの表れという意味ではアート活動の一つだと思いますね。

編集部　東京・板橋区の縁切り榎には行ったことがあるんですが、こっちの方がインパクトがある？

吉田　縁切り榎の方は写真や絵などはないですし、書いてある文言も全然ソフトです。それよりも、大阪の鎌八幡はだいぶキツい文言が書いてあったりします。でもやっぱり、全国でも門田稲荷が、完全に群を抜いてます。

編集部　近場だけじゃなくって遠いところからもここに集まってくるんですかね？　ディスるために。

吉田　そうです。地元が一番多いですが、アクセスはいいので、車だったら楽に来られます。電車でも、駅から歩いて来られます。

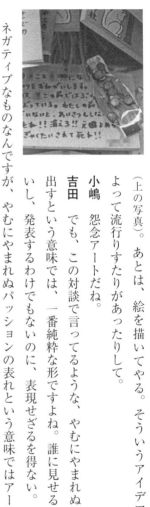

編集部　吉田さん、毎年、定点観測してるんですね。
吉田　してます。その年のワインの出来を確かめるように（笑）。
小嶋　当たり年かどうかを確かめるために（笑）。
吉田　絵馬はお焚き上げしちゃうんですが、総代さんも、まじめに民俗学という観点から、残しておいた方がいい史料だと思われているみたいです。できることなら「吉田さんが保管してくれれば」って言ってくれたりして（笑）。ともかく、歴史資料として残すべきだとは本気で思いますよ。
　あとは、**このように闇を吐き出すことで心をガス抜きして、次の日から明るく生きていけるという効果はありますよね。**怨んでいる相手を実際にナイフで刺しちゃうよりは、よっぽどマシですから。

吉田氏が「最強の恋愛パワースポット」と認定する恋愛弁天（兵庫県）

吉田　神戸の「恋愛弁天（氷室《ひむろ》神社）」（神戸市兵庫区）も紹介しておきたいですね。ここは知られざる神社ですが、僕ら仲間内では、最強の恋愛パワースポットに認定している場所です。

　神戸の山の方にあるんですが……氷室神社という、小さいし有名じゃないけど、由緒正しい神社なんですよ。仁徳天皇に献上する氷を保存していた氷室があったりもして。

　僕は何年も前からいろんな人にここを勧めているので、それを知ってる人は遠くからも行ってくれたりしています。「北海道から行きました」というメールをもらったこともあります。由緒正しいだけに場所そのものの雰囲気は非常にいいです。

ここには「恋愛ポスト」というものが設置されてるんですよ（上の写真）。恋愛の手紙をなるべく具体的に、誰と結ばれたい、どういう人と出会いたい、などと書いて、投函するんですね。

僕も昔、手紙を出しました。「見た目はそこそこいいぐらいでいいので、僕と話が合って場が盛り上がる。オカルト、漫画、エロ失敗談などして、僕を冷たくあしらう……」みたいな文章で（笑）。投函して二週間後に、一人の女性に会ったんですが、それが今の奥さんなんです。

小嶋・編集部　へえ。

吉田　完全にこの手紙のおかげですよ（笑）。ただし、愛の手紙を書いたら、その通りの人と恋愛しないと、いろいろ駄目になっちゃうんです。Aちゃんと付き合いたいって書いたのに、その後、Bちゃんにアプローチされたから Bちゃんの方に行ったら、ひどい目に遭います。

なるべく具体的に書かなきゃいけないことと、その通りの人が現れないかぎり、浮気しちゃ駄目、っていうのは重要なんですよ。

編集部　ガチで信じてるじゃないですか。

吉田　なぜかというと、僕たちの周りで、実際にひどい目に遭ったエピソードが多すぎるんですよ。ある男性なんか、性別を書き忘れたら、ある人にアプローチされて、一回はヤったらしいんですが、付き合わなかったそうなんですね。「なんで付き合わなかったの？」って聞いたら、男の人だったらしいんです。

小嶋　一回ヤったんだ（笑）。チャレンジャーだなぁ。

吉田　その後、今度は「女の人」って書いて出したら、その後出会いがあって今の奥さんと結婚できました。ここはマジです。僕も、ここまで証拠が揃うと、「これはヤバイな」と。

編集部　パワースポットに入れてもいいですね。

吉田　本当は「パワースポット」の方に入れようかと思ったのですが、インパクトの方に入れた方がいいかなと思って。ただし、ここは気軽にはお勧めできません。ちゃんと約束を守るという人だけ、トライしてください。

第8章 二人が選ぶ最強インパクトスポット（海外編）

タイの地獄寺のチャンピオン、ワットパーラックローイ

小嶋　タイには地獄寺と言われる、地獄の様子を立体的に表現したお寺がいっぱいあるんですが、その中でも「ワットパーラックローイ」（コラート）は現時点でチャンピオンだと思います。ここは地獄のエリアだけじゃなく、それ以外にもいろんなコンクリートの動物が並んでるだけのエリアがあったり、現世のローン地獄みたいなものを表現してる場所もあります。

吉田　（写真を見ながら）なんか、サラリーマン川柳みたいな風刺ですね（笑）。

小嶋　そうそう、御輿《みこし》をみんなで担いで、その上に手のついている家があって、車があって、この後ろにはきれいなおねえ

ちゃんもいたような気がするんですが、「世の中、金のかかることだらけだぜ」みたいな、現世の苦しみを表してるんだと思います。このように基本的には、いろいろユーモラスな感じで表現してるんです。

　上の写真は、タイの地獄のお寺に行くとよくあるんですが、「マッカリーポーンの木」っていって美女のなる木ですね。これはタイだけでなくインドや中東にも伝説があるらしいんですが、木から女の人が、果物のように生えていて、旅人がここを通りかかったらその女の人を嫁にしていい。

　その言い伝えをこのように、コンクリートで表現してるんです。裸の女の人が等身大より大きいぐらいのスケールなんです。

吉田　タイ地獄寺の定番ですけど、これは他のに比べてだいぶ大きいですね。

小嶋　他のところは人より小さいサイズのものが多いです。人間より

小嶋独観氏が選ぶ　最強インパクトスポット　|海外|

- ワットパーラックローイ（タイ）
- ハウパーヴィラ（シンガポール）
- ボディタタウン（ミャンマー）
- 万丹宮（台湾）
- 佛光山（台湾）

も大きいサイズのものはタイでも、そんなにないと思いますね。

編集部　エロチックな感じでもないんですかね？

小嶋　あっけらかんとした感じです。乳首のところだけ隠してあるのが、なんとなくお寺っぽいな、という気はしますね。ここは、とにかくお金を入れると動く人形がすごくいっぱいある。上の写真はお金を入れると、奇声を発しながら自転車を漕いで、下に水かきがついていて、こっちにやってくる（笑）。

吉田　だいぶ凝ってますね。

小嶋　これは、かなりよくできてますね。例えば地獄の人形の手足が動いたり、舌を引っ張られたり、いろんなギミックがあるんですが、10バーツか5バーツのコインを入れると動くんです。そうするとコインがすぐなくなってしまうんですが、このお寺の中のあちこちにおばちゃんが座っていて、すぐ両替してくれるんです。ここにいると何百バーツって使っちゃうんで（笑）。

口絵の写真は、浮気した人がこのトゲトゲの木に登らされるという地獄の責め苦ですね。

吉田　でも、造形も上手いですね。

小嶋　上手いですね。専門の職人さんみたいな人が造ってましたけど、なかなか上手い。この辺は、造形物としてかなりよくできてる気がしますね。

吉田　しっかり造ろうという熱心さがありますよ。

小嶋　こんなのを、地元の子どもがゲラゲラ笑いながら見ていくんですね。熱帯なので、あっけらかんとしてるし、屋外ですから、陰惨な感じはないですね。陰惨な感じがあまりないので、逆にどんどんエスカレートしていってしまうきらいはあるんです。

ゾンビ映画みたいに陰惨な地獄寺・ワットパイロンウア（タイ）

吉田　地獄寺でいうと、「ワットパイロンウア」（タイ・スパンブリー県）の方が陰惨度が強いですよね。こっちは、なぜか赤い点々の亡者がたくさんいて、殺され方も陰惨で笑えない。ゾンビ映画みたいな感じのところがあって……。

小嶋　嫌な殺され方ですね。

吉田　だいたい地獄寺って笑えるもんばっかりなんですが、パイロンウアの場合、漫画『アイアムアヒーロー』（花沢健吾著）に出てくるゾンビみたいで（笑）、気持ち悪い。

ワットパイロンウア（タイ）

小嶋　（写真①を見ながら）これ、ちんこが半分に切れてるみたい。あと、

写真①

写真②

皮膚病みたいな赤いポツポツの人形がいる（写真②）。作ってる人の趣味でしょうね。他ではあまりないですものね。

吉田　これは性病なのか、それとも突き刺された痕なのか、まったく分からないんです。

小嶋　性病のような気もしますね。

吉田　ここにまつわるインパクトの強い思い出がありまして。神戸の友達二人――「恋愛弁天」を教えてくれた人たちです——と一緒に、ワットパイロンウアに行った時のことです。

その二人、バンコクに着いたその足で、アラブ人街の売春ストリート……スクンビットの一番ヤバイところに行ったんですね。何でそんな行動をするのか意味不明だけど、いきなり、ディープなところに。

そこで二人とも、ニューハーフの人を買ったんですが……そのうちの一人、Tさんは生でケツに入れてもらったそうなんです。シャワーを浴びたら肛門から血が出ていて、そこで初めて「エイズ、ヤバい」って気づいたんです。

小嶋　遅えよ（苦笑）。

吉田　それがタイに着いて、二時間後の話。ただ、心配させたくなかったのか、Tさんは誰にもそのことを話さなかったんですね。後から思い出したら、確かにタイ旅行中ずーっとテンション低かったんですが。

で、そのうち、みんなで「地獄寺巡りしようぜ」ってバンコク郊外を回っていたんです。その最後にワットパイロンウアに行って、この赤いポツポツのデカいやつを見てたんですよね。その時、何にも知らなかった僕が、彼の後ろに回って「Tさん、これが、バンコクで遊びまくったやつの末路ですよ」って言ったんです。悪意はなかったんですが（笑）。

小嶋　シャレになってない（笑）。

吉田　彼、すごく落ち込んでたところに、追い打ちかけられてヘコんじゃったんです。そしたら、今度はパイロンウアのお坊さんが、離れたところに立ってこっちをジーッと見ていたそうです。するといきなり手を振って「サヨナラ、サヨナラ」って日本語で言ってきたんですよ。夕方の閉園間際だったので、「もう終わりだよ」という意味で「サヨナラ」と言ったと思うんですが。その時、彼は「ああ、俺、死ぬんだ」って思ったらしくて（笑）。

結局、帰国後にＨＩＶ検査して、陰性で大丈夫でした。その後になって初めて「あの時、吉田さんとお坊さんが怖かった」と告白されたんです。**ワットパイロンウアの、「あまりおイタするなよ」という教育目的が、偶然にもちゃんと機能した例ですね。**

小嶋　そうか。目的に見事にハマった人もいたということですね。シャレになんない人もいたんだね。

吉田　現地の人も、シャレ感覚、Ｂ級スポット感覚で行ってるんでしょうけどね。タイ人はあまり行かないですからね。

小嶋　あれだけ作り込んであるのに、もったいないなと思うけど、地元の人が散歩に来るぐらいな感じですね。

“シンガポール版タイガーバーム・ガーデン”、ハウパーヴィラ

小嶋　「ハウパーヴィラ」は、香港にあったタイガーバーム・ガーデンの兄弟施設で、タイの地獄

と同じように子どもたちに善行を促すために造ったと言われているところですね。しかし、できあがってきたものはかなり変てこりんなものばっかりで、人工の築山《つきやま》の中にヘンな人形を配置していくというスタイルで、ずーっと延々と続いていくんです。なぜか日本のお相撲さんがいたりね。

（口絵写真を見せながら）この辺は、金を借りて返さないとこうなるぞ、みたいな、正しいことをしていきなさいと言ってるらしいんです。

編集部　なんか、えらい具体的ですね。

小嶋　そうですね。貧乏人が延々と出てくる感じ（笑）。宿題しないで逃げるとよくないことが起きますよとか、若干、説教っぽい感じもあるし、このように中国の昔の伝説もある。

吉田　この部分（右の写真）、気になりますね。カエルおじさんと、魚おじさんが戦ってるけど、何の伝説なんですか？

小嶋　神様が海を渡る時に海の龍神が意地悪をしたので、みんなで戦って渡りました的な神話なんです。だからってこのカエルおじさんは……ねえ（笑）。そういえばここは、人間と生き物が合体

した像が多い。

吉田　タイの地獄寺もそうですが、動物人間っていうパターン、好きですよね。

小嶋　ここは特に好きですね。これ（上の写真）は『二十四孝』で、中国に昔からある、いろんな親孝行の図なんですが、歯のなくなった姑さんにおっぱいを飲ませてあげている。

吉田　美談の一つですね。

小嶋　そう。傍から見ると、変態プレイにしか見えないですが（笑）。

吉田　中国の故事で、世話になった劉備《りゅうび》のために、自分の奥さんを殺して食べさせた……という美談がありますが。どこが美談なんだよという点で似てますよね。

小嶋　自分の親の病気が心配で、親のうんこを毎日食べてた息子の話があるんですが、うんこを食べてる像を、わざわざコンクリートで造っているんですよ。ものすごくインパクトのある、教育施設と言っていいのかどうか分からないところですね。

冗談みたいにでっかい大仏が立ってるボディタタウン（ミャンマー）

小嶋　ミャンマーは大仏があちこちにある国なんですが、ボディタタウンはミャンマーで一番大きい、いや世界で今一番大きい大仏ですね。像だけで129メートル。牛久大仏より大きいですね。

吉田　しかも、立ってますものね。

小嶋　そう、手前に100メートルぐらいの寝釈迦がいて、その後ろに大仏が立ってる。冗談みたいな光景ですね（笑）。これがミャンマーの片田舎のさらに郊外に、忽然と現れるんですよ！

吉田　こればっかりは、現地で見ないと迫力は分からないですよね。

小嶋　**はるか向こうに、これが見えてきた瞬間の気持ちは言葉では言い表せないぐらいですよ。**しかも、周りには何にもないですものね。行った時は乾季だったので、足場を塗り替えたりしてたんですが、写真③のまつ毛だけで10ミリの鉄骨かなんか使ってるんです。鉄筋を、カールさせたりして（笑）。

ボディタタウン（ミャンマー）

吉田　まつ毛が鉄筋って初めて聞いた話です。

小嶋　豪快ですね。（写真④を見せながら）上から見るとこんな感じ。寝釈迦がいて、仏塔はあちこちに建ってる。次の大仏も建ててる最中なんです。とにかくスケールが大きくて、ビックリする。

　大仏は中が三〇階建てぐらいで、各フロアによって寄進してる人が違うんで、お金持ちの人が寄進したフロアは完成してるんだけど、お金がない人が担当したフロアはまだ工事中。完成、工事中、工事中、完成みたいな（笑）。

　裸足で階段を上がっていくんですが、全然できてないところもあれば、地獄の様子を表した壁画がびっしり描き込まれたフロアもあって、（写真⑤を見せながら）**つばペッペ地獄があったり**（笑）。

吉田　ゆるいです（笑）。

写真③

写真④

写真⑤

小嶋　つば吐き担当の人が好きなんです。この隣では、針山のローラーで転がされて血まみれになってる人がいたりして、たまんないっすよね。ワンダーランドですね、ここは。

建物も仏像も金銀でピカピカの万丹宮（台湾）

小嶋　万丹宮（台湾中部）は道教のお寺なんですが、境内の建物が金か銀でできてる（口絵写真）。もちろんリアルな金銀じゃないですけど。龍も全部、鱗《うろこ》が薄いステンレスの被膜でできてるので、風が吹くとサワサワって動いたりする。よくできてます。きれいですよ。

吉田　よいですね。

小嶋　この建物の屋根などもステンレスでできてるし、仏像はFRPなんですが、金色に塗ってあって金と銀だらけですね。上の写真の鶴の羽も全部ステンレスの被膜で、かなり細かく作ってありますね。

吉田　羽の一つ一つまで作ってあるのは見たことないです。

小嶋　羽毛も一枚一枚全部ステンレスで作ってあるので、手間がかかってますよね。ここに、死んだ人にお金を届けるためにあの世専用のお札を燃やすための焼却炉があるんです。それがものすげぇコテコテに装飾してある。

　鬼がいて、上に神様がいる。鬼がグルッと回って角は二本と一本と、ツーパターン。

吉田　（上の写真を見て）チアガールみたいなボンボン持ってるのは何ですか？

小嶋　１００均で売ってる、食器洗ったりするような丸いスポンジがありますよね。あれだと思いますが、ここのお寺がこのボンボンみたいなの気に入っていて。

吉田　鬼に持たせると、意外にかわいくなりますね。

小嶋　寺の中に入ると、オーソドックスな道教寺院で彫刻のレベルも高いですし、思い付きで作ったような感じではない。

吉田　しかし、Ｈ・Ｒ・ギーガーのような世界ですね。

小嶋　そうですね。内部は全部、木彫で作ってありますので、かなり大変だと思いますね。

電動・電飾で再現された仏教世界がインパクト大の佛光山（台湾）

小嶋　佛光山（台湾・高雄県大樹区）はたぶん台湾で一番大きい仏教の教団なんです。地上波でも専用チャンネルを持ってるぐらいに大きい。この間も台湾に行ってきたんですが、ホテルに着いてテレビ点けたら、ここの合同結婚式の様子をやってました（笑）。

　本来のお寺に加えて近年、佛陀紀念館というものと大仏が新しくできてまして、中ではブッダの生涯を４Ｄ映画で見られたりします（笑）。

吉田　おもしろいですね。水もかかってくる？

小嶋　空気がビャーッと吹いてきたり。菩提樹の下で、悪魔に襲われるところは、ピュッピュッと空気が吹いてきたり。リアルに上から葉っぱが落ちてきたりしてましたけど、今どきのお寺にしては、アグレッシブなところなんです。

　でもここ、以前からあるお寺の部分がおもしろくて、お寺の本堂の下が洞窟になってるんですね。そこが「イッツ・ア・スモールワールド」みたいな感じになってまして、世界中の人がブッダに祈りを捧げている。

佛陀紀念館（台湾）

吉田　ブッダに電飾ついてますけど（笑）。

小嶋　電飾好きなんですよ。よく見ると、イスラム教の人も手を合わせたりしている。

吉田　まさにワン・ワールド思想。

小嶋　「本当かよ」という感じ（笑）。洞窟を模した回廊がずーっと続いてまして、広いホールには釈迦三尊像を囲むように電動で動く天女たちがいるんです（左上の写真）。

傍らには蓮の花があるんですが、音楽に合わせて、開いて閉じて、開いて閉じて。お寺とは思えない、賑やかなところなんです。これは仏様が歩くと地に足がつかず、蓮の花が全部咲くという言い伝えを表しているシーンです（下の写真）。お寺というより、かなり遊園地やテーマパークっぽいところですね。

　ここの洞窟は訪れる人が少なくて、先ほどの紀念館の４Ｄ映画だけ観て

帰る人がほとんどなので、ぜひ、洞窟の方も見落とさずに行ってほしいですね。境内が広いので、探し出すのが大変かもしれないいんですけど。

いろいろな宗教がごちゃ混ぜになった スピリチュアル施設・真実の聖域（タイ）

吉田　珍スポットではなく、素直にきれいで美術的にいいなと思うのは、タイ・パタヤの「真実の聖域」――プラサート・サッチャタムですね。いろんな宗教がごちゃ混ぜになっている、宗教というよりスピリチュアルな施設です。パタヤで二番目の金持ちが造っているらしく、まだ建設中なんですが。

ここもいろんな造形物があります。かなりレベルの高いものがあるし、釘を使わずに神社の宮大工みたいな工法でやっていて、美術的価値が普通に高いんじゃないんですかね。

真実の聖域（タイ）

小嶋　木彫りなんですよね。

吉田　接《つ》ぎ木で、噛み合わせてやってる。レック・イレヤパンという金持ちおじさんが「永遠を、この世に出現させたい」というテーマで造っているそうです。

編集部　出ましたね。永遠だの、世界だの（笑）。

吉田　第6章で紹介したロベール・タタンともかぶっているところもありますね。内部がいろいろなコーナーに分かれていて、「輪廻《りんね》からの解脱」「社会の進歩と魂」「空、大地、四大元素」……だいぶスピリチュアリティが入ってる感じですね（上の写真）。

あとは、この部屋の窓から見える景色を見てどうのこうのという、現代アートみたいな部分もあったりして。確かに美しいし、インパクトも強いし、素直に感心はできますよ。

編集部　お寺なわけじゃないんですね？

吉田　個人が造ってますし、お寺っぽいですけど、いろんな宗教を混在させています。

小嶋　着物を着た日本人の女の人の彫刻が、ありましたよ。

吉田　いろんな建築様式が混在してる気はしますね。タイっぽいところもあれば、中国っぽいところもあれば、もしかすると、イスラムっぽいところもあるのかな。

大きくてゴチャゴチャしてますが、造形のレベルはちゃんと高いです。サグラダ・ファミリアみたいにずっと工事してるので、その音はうるさいです。

小嶋　いつまでも工事中なので、写真撮ってる横でも、ブワサッ！　って埃が立ったりしてね

吉田悠軌氏が選ぶ 最強インパクトスポット｜海外｜

▶ワットパイロンウア（タイ）
▶真実の聖域（タイ）
▶トゥルニャン（インドネシア）

（笑）。
吉田　トンテン、カンテンって感じでやっているんです。
小嶋　地べたに座ってタッタッタッタって彫り物やってたり。その間を縫って見に行かなきゃいけない。
吉田　本来なら、荘厳な気持ちになる建築なのに、あちこちで工事しているんで興はそがれますね。

バリ島の風葬の村・トゥルニャン（インドネシア）

吉田　「トゥルニャン」（バリ島バトゥール湖畔）は風葬の場所ですね。バリ島の原住民たちの町で、被差別的な要素もあるんですが、昔から住んでいた原住民たちがここに来て、独特な民族信仰として、風葬の習慣を残しているんですね。
次ページの写真のように藁ぶきテントみたいなところに人が死んだら寝かせておいて、骨になるまで待つ。
編集部　「クレイジージャーニー」で、佐藤健寿さんが紹介してましたね。
吉田　ここは有名ですからね。行く前は臭いんじゃないかって思ってしまいますが、臭くないんです。この人たちが信仰するご神木があるんですね。これが香りを出していて、死臭を消していると

トゥルニャン（バリ島）

いう信仰のようです。

バリ島の神話に関わってくるような重要な信仰なんです。このご神木の香りがジャワの方まで届くので、死体を埋めないようにした……という国造り神話があるんです。

もっとも、トゥルニャンは昔はガラの悪いところで、すっごいぼったくられたり、トラブルがあったような、貧民窟みたいな場所でもあったんです。それもここ数年で変わって、今はバリ島の観光局が管理しているので、行きやすくなりましたね。

小嶋　船で行くんでしたっけ？

吉田　バリ島の街ウブドから、車で一時間ちょっと行き、それから山道——それほどひどい道じゃないんですが——を走ると、船着き場みたいなところに着く。そうしたら、原住民バリアガの人たちが住んでいる町がある。そこで「風葬の墓地まで送ってくれ」って頼むと、船に乗せて連れていってくれるという感じです。

編集部　着けばウェルカムで、そんなに嫌がられないんですか？

吉田　観光地ではないので、ニコニコしてる感じではないです。ぶっきらぼうだし、値段はふっか

あるという感じですね。

けてこようとしますね。そもそも、バリ島のガイドの人に運転してもらわないと行けないようなところなので、ガイドの人に交渉してもらう。

編集部　一つの集落があって、その中に風葬する場所があるという感じなんですかね。

吉田　そうです。川を渡った向こう岸というイメージです。これからどんどん観光地化していくのかもしれないですが、今は文化人類学的な研究の場所ですね。

編集部　ヒンズーでもなんでもない、独特な習俗なんですかね。

吉田　そうですね。バリ・ヒンドゥー自体も特殊な宗教なんですが、その中でもさらに全然違う、原住民の習俗や宗教が

エピローグ――書を持って、町へも出よう！

編集部　今まで四つのテーマで、いろんな場所を紹介していただきましたが、全体を通して、お二人はなぜ、珍スポット巡りをするのか、今まで巡ってきたことで見えたものを教えてください。

小嶋　なぜ行き続けているのかに関しては、**「数を見ないと意味がないな」**と強く感じているからです。「うわ！　おもしろいな」と思っても、一〇～二〇か所ぐらい行っただけでは、それほど見えてこないんですが、一〇〇～二〇〇という数行ってくると、「前行ったところと今回行ったところが、このようにつながっていたんだ」「前行ったところは全然別もんだと思ってたら、別のところに行ったらこことここもつながっていた、関係性も見えてきた」なんてこともよくあります。**データとして蓄積していくことで、いろいろ類型やパターンも見えてきます。**その意味では、数を見るということは、すごく大事だなと思いますね。

もう一つ言うと、珍スポットと言われるものは、今でこそ類型化されてきたけれど、もともとは誰も価値を見出していなかったものなんですね。地元の人にも疎んじられ、世間の人には馬鹿にされ……という状況だったんですが、珍スポットという形で新たな価値を見出して、いろんな人がすくい上げてきたわけなんです。

その時に、「これはおもしろいぞ」という直感や目は養っておかないと駄目だと思いますね。例えば何かのサイトを見て、「他の人が珍スポットって言ってるから行ってみよう」ではなくて、**自分が見て、おもしろいんだと思える感性を常に備えていないと駄目**なんじゃないかと思う。その意味でも、現地に足を運んで数を見るということはすごく大事だと思います。

編集部　「珍寺大道場」の利用の仕方としては、あれを見て、興味を持ったところに行ってほしいということでしょうか？

小嶋　行ってほしいです。でも本当は、単にサイトを見てその場所に行くだけじゃなくて、自分でもいろんな方法で探し出してほしいですね。そして知らないスポットを発見したら、そっと私に教えてほしい（笑）。

編集部　まだまだネットにも出てない情報もあったり、穴場やおもしろいところもあるんでしょうね。

小嶋　ありますよ。

吉田　僕の場合、珍スポットも心霊スポットも、スピリチュアル・スポットとされるような場所も、全部ひっくるめて、オカルト・スポットって呼んでるんですね。「オカルト＝隠されたもの」ですから、隠されている場所、知られざる場所という意味で、すべてオカルト・スポットなんですよ。

しかし、誰も知らないような場所だったらいいのかというと、そうでもないんです。出雲大社みたいな、すごく有名な場所でもいいんですよ。**視点を変えたり、切り口を変えることによって新し**

い側面、これまで隠されていた側面がえぐり出せるということがありますからね。

未踏の地のパイオニアになるのもよいですし、僕も頑張ってそうなりたい。だけど、一方で、すでに知られているようなところでも、いろんな切り口があるはずなんです。**心霊スポットだってただ怖がるだけじゃなくて、例えばいろいろ調べることによってその場所の記憶や、人々の精神史が見えてきたりもする。**それを探るのに絶対に大事なのは、現地に足を運ぶことですね。誰かが紹介したものを読むだけでは、あくまでその人の視点を知っただけにすぎないですからね。

ですから優先順位で言うと、第一が現地に行くこと。そして、第二がいろいろな資料を調べることですね。それは図書館でも、自分の家でネットしてでも、何でもいいんですが、その両輪を駆使しないと、ちゃんと掘り下げることはできないです。どうしてもどちらかだけ選べって言われたら、現地に行くことが第一ですね。もちろん資料を調べることも大切で、文献調査によってその場所の見方が深くなるというところはすごくあるんですが。

例えば平将門《まさかど》の首塚（東京都千代田区）って日本で一番有名な心霊スポットですよね。でも、あれが首塚って言われるようになったのは明治三九年からなんです。

もちろん江戸時代にも、平将門の塚だと思われていましたし、室町時代にだって将門の祟りを鎮めたという逸話はありましたよ。でも、あれが今のような首塚伝説の聖地になったのは意外と最近なんです。明治三九年に碑が作られ認定されてからなので、そう考えてみると、近代の産物ですよね。
明治になって天皇が東京に来て、その反逆の徒である平将門をどう扱うかという微妙な問題が起きてきました。そこで、将門にベッタリでもないし、かといって天皇側に回って将門は悪しき反逆の徒とするのでもない、うまいバランスの取り方として、キチンと祭ろうという運動につながっていった。そういったことを学ぶのは、東京という都市を考えることだし、近代天皇制について考えることでもあります。このように、将門の首塚だけでも、いろんな要素が含まれている。
将門の首塚に行って、ただ怖がるだけでは見えてこない部分ですよね。だから、「将門の首塚なんて、みんなが行きまくってる、どメジャーなところに行ったってしょうがないじゃん」ではダメなんです。**資料をいろいろ調べてから行くと、まったく新しい視点が見えてくる**……と言っても、僕もこれは、二日前に知った情報なんですけどね（笑）。

編集部　現地に行かないと見られない資料もあったりしますよね。

吉田　**大事なのは現地の空気感ですね。**だって誰かの写真って一つの視点、一つのレンズの画角で撮ったものでしかないですから。あらゆる意味で、トリミングされたり、制限されている情報でしかない。
現地に行かないと手に入らない情報ってたくさんありますから。地元の人にいろいろ話を聞いたり、なるべくなら珍スポットを造っている人にもちゃんと話を聞くことが大事ですね。聞けばみんな親切に教えてくれますから。「そろそろ、乗る予定の電車の時間があるから帰りたいな」と思っても、話が終わらなかったりしますけど（笑）。

小嶋　放してくれないね（笑）。

吉田　親切心からですけどね。田舎の人は特にそう。いやらしい話ですが、僕は「東京から来ました」と、第一声で言うようにしてます。そうすると、「東京から、わざわざこれ見に来たんですか」と驚いて、親切に教えてくれたりしますね。

編集部　自分を駆り立てるもの、いっぱい巡ったからこそ見えてきたものですが、吉田さんはどうでしょうか？

吉田　いろんな場所を巡るうち、今言ったようなことがだんだん分かってきたというのはありますね。だからといって最初の動機から変わったわけじゃない。一番はじめに、みんなと夏休みに心霊スポットへ肝試しに行ってドキドキワクワクした記憶が原体験としてあって、根本的にはそれと変わってないですね。どんなスポットに行くにしても、その原初的な好奇心の部分は変わらない方がいいとは思いますね。

「ここではないどこか」という場所が、日常と地続きに存在していて、その世界に遊びに行きたいという感覚ですね。「異世界に行きて帰りし」体験、純粋に、ただそれだけの目的ですね。

そうして珍スポット巡りをやっていると、いろんなものが見えてくるので、必然的に興味の対象がどんどん広がっていきます。いろんな調べ方をしたり、新しいところを探そうとしたりということになってくる。でも根本はまったく変わらないですね。変なところに行きたいという欲求だけです。

編集部　お二人とも、これから海外の方にも広げようとされるんですか？

吉田　先ほどから言っているように、誰も知らない新ネタをスクープすることだけが大事ではない。とはいえ、国内ではいろんな人がやるようになってネットでアーカイブされるようになったから、海外に行かないと新味はないのかなという気はしますけど、どうですかね？

小嶋　確かに、国内はもういろんな人が行ってしまっていて、まだ行き尽くしてはいないだろうけれど、ある程度の規模の大ネタや、ある程度の密度を持ったものは、ほぼほぼ発見されてますからね。

編集部　最近は写真を見ても、どこかで見たことがあるみたいなものが多いですものね。

小嶋　当然、海外にはまだ余地はありますから、海外に目が向いていってしまうのは、まあ自然な流れじゃないですかね。

吉田　こんなところがあったんだという純粋な驚きを体験したい、そういうところを見たい、探したいというのはもちろんあります。とはいえ、例えばアマゾンの奥地に変な信仰スポットがあったとしても、驚きってありますかね。もちろん、その変な信仰スポットを見ること自体は楽しいし、意義深いですよ。でも、アマゾンの奥地に、日本人にとって変わったものがあるなんて当たり前ですよね。

そういった意味で、国内の珍スポット、信仰スポットは違います。**こんなに発展していった都市**

の片隅にも、こんな異世界があったんだという驚き・ワンダーが、珍スポットの一つの大事な要素でもあると思うんです。アマゾンの奥地に珍スポットがあってもね。「それはあるだろう」ということになりますね（笑）。

我々と同じ文化圏のすぐ隣なのに、ひっそりとある異世界、隙間という部分も大事なんです。もちろん、海外の新ネタを探すのも大事なので、そっちはそっちで、パイオニアを目指すような人がいてくれたら助かるし、そういう人も絶対必要です。かといって誰も知らない新ネタを探すことだけがすべてじゃないという話ですね。

小嶋　私はお寺を中心に巡っていて、信仰という一点では共通したベースがありますんで、その意味では海外と日本を分けてという風には考えないかな。

吉田　その人なりの研究テーマがありますからね。

小嶋　それぞれの興味だったりね。それに沿って巡っていくと、自然と海外も見るようになるし、日本でまた変てこりんなところを見つけたりしますからね。

編集部　読者の皆さんが自分なりの興味を持ってほじくれば、おもしろいところはまだまだいっぱいあるんでしょうね。

吉田　手垢のついたようなスポットでも、またおもしろい切り口があるかもしれないですし、ニッチな視点から見ると、「こんなところがあったんだ」という発見があるかもしれません。珍スポットの人たちだって最近はテーマがかなりニッチになってきたりしてますからね。

珍スポってひとくくりにしてよいのか分からないですが、レトロ自販機好きとか、いろんなテーマを持ってネットで活動されてる方々がいますよ。

小嶋　どんどん細分化されてますからね。

吉田　はじめはサイトを見て、「ここおもしろそうだから行きたい」ぐらいの軽いノリでいいんですよ。数をこなしていけば、その人なりのテーマが見えてくると思います。

小嶋　行くことは何よりも大事で、あとは実際に行って自分なりに何を感じるかというその感覚を、すごく大事にした方がいいと思います。「意外とおもしろくなかったな」でも、それは一つの収穫ですから。

吉田　とにかく「書を捨てよ、町へ出よう」です。いや、調べることも大切なので、「書を持って、町へも出よう！」ですね。

（２０１６年１月13日・28日に東京・新宿で行われた対談に加筆・修正しました）

著者プロフィール

小嶋 独観（こじま どっかん）

ウェブサイト「珍寺大道場」道場主。日本やアジアのユニークな神社仏閣、ファンキーな神様、不思議な信仰、巨大すぎる仏像等々を求めて西へ東へ。民俗、芸術、宗教、建築、歴史など様々な視点から現代の信仰シーンを照射する神社仏閣ライター。
著書に『ヘンな神社仏閣巡礼』（宝島社）、『珍寺大道場』（イーストプレス社）、『脳内楽園巡礼』、共著に『お寺に行こう！』（扶桑社）。
連載・ワンダーJAPAN「不思議な神社仏閣」、東京スポーツ「ドボ珍」など
雑誌記事・八画文化会館、怪処、散歩の達人、週刊文春など

「珍寺大道場」 http://chindera.com/

吉田 悠軌（よしだ ゆうき）

1980年、東京生まれ。

怪談サークル「とうもろこしの会」会長。オカルトスポット探訪マガジン『怪処』編集長。怪談の収集による執筆と語り、オカルト全般を研究。文筆業を中心に、イベント、テレビ出演などで活動。ポッドキャスト「僕は怖くない」配信中。著書に『ホラースポット探訪ナビ』（学研パブリッシング）、『怪談現場 東京23区』（イカロス出版）他。

考える「珍スポット」 知的ワンダーランドを巡る旅

2016年7月30日　初版第1刷発行

著　者　小嶋 独観／吉田 悠軌
発行者　瓜谷 綱延
発行所　株式会社文芸社
〒160-0022　東京都新宿区新宿1－10－1
電話　03-5369-3060（代表）
03-5369-2299（販売）

印刷所　図書印刷株式会社

ISBN978-4-286-17308-5